Markus Berger

Bestechende Welt der
Kakteen

Alles über Pflege, Vermehrung
und die besten Arten

Bestechendes aus der Welt der Kakteen

6 Faszination Kakteen
6 Die Heimat der Kakteen
6 Erstaunliche Verwandtschaft
13 Kaktus oder nicht?
14 Ein kleiner Rückblick
14 Kakteen – vielfältig verwendbar
17 Reichtum der Kakteenformen

29 Die Kakteensammlung für Einsteiger
29 Kakteen kaufen
33 Geeignete Standorte
36 Gestalten mit Kakteen
37 Die Umgebung: Luft und Licht
38 Das richtige Gefäß
39 Spezielle Bedürfnisse: Substrat für Kakteen

Pflege und Vermehrung von Kakteen

43 So pflegt man einen Kaktus
43 Gießen – mehr als man denkt
47 Düngen
48 Nur mit Handschuhen: Umtopfen
48 Unbedingt einhalten: Winterruhe
49 Winterharte Kakteen
54 Unerwünschte Schädlinge und Krankheiten
62 Kulturfehler – was sonst noch passieren kann

65 Die Vermehrungsmethoden
65 Vegetative Vermehrung
67 Generative Vermehrung
74 Kein großes Geheimnis: Die Veredelung (Pfropfung)
80 Für Fortgeschrittene: Neue Sorten züchten

82 Jahreskalender für die Kakteenpflege

87

109

Berauschende Welt der Kakteen

88 Kakteenwirkstoffe und ihre Nutzung
88 Kakteen als Arzneimittel
90 Berauschende Kakteen von A-Z
106 Kakteen in der Krebstherapie
107 Kakteen und Diabetes

Kakteen von A bis Z

109 Abkürzungen und Symbole

110 Sortenporträts
100 Kakteenbeschreibungen mit Standortansprüchen und Pflegehinweisen, Angaben zu Blüten und Blättern, Empfehlungen für besonders attraktive Sorten

211 Service
212 Glossar
214 Buchtipps, Adressen
216 Neuordnung der Gattungen
217 Sachregister
219 Pflanzenregister

Bestechendes aus der Welt der Kakteen

Faszination Kakteen

Kakteen üben auf manche Pflanzenfreunde eine geradezu magische Anziehungskraft aus. Der Kontrast zwischen den auffälligen, abweisenden Dornen und den farbenprächtig leuchtenden Blüten macht sie zu einem beliebten Sammelobjekt. Verglichen mit der Gesamtheit der botanischen Wissenschaft umfasst die Gruppe der Kakteengewächse (Cactaceae) nur eine relativ kleine Zahl von Gewächsen. Doch allein diese kennen und pflegen zu lernen, verlangt einiges an Zeit und Geduld. Das Lernpensum innerhalb der Kakteenkunde ist immens. Nicht ohne Grund konzentrieren sich einige Liebhaber und Sammler auf eine spezielle Gruppe. So befasst sich der eine mit Astrophyten (Sternpflanzen), der nächste mit Notokakteen (Buckelkakteen), ein anderer mit Opuntien (Feigenkakteen).

Die Heimat der Kakteen

Alle Kakteen kommen ursprünglich vom amerikanischen Doppelkontinent, auch wenn einige Arten der epiphytischen (baumbewohnenden) Gattung *Rhipsalis* mittlerweile in Asien und Afrika heimisch sind. Die Familie der Kakteen hat sich aber über die Jahrzehnte in Europa und Australien verbreiten und etablieren können. Das liegt sicherlich unter anderem an den Aktivitäten der zahlreichen Sammler und Pflanzenforscher, die viele Arten in verschiedene Länder einschleppten. Dennoch findet sich der definitive Großteil der Kakteen nach wie vor in Amerika. Dort sind diverse Kakteen von kulturhistorischem Interesse, weil sie innerhalb der so genannten Ethnobotanik, also des völkerkundlichen Gebrauchs einheimischer Flora als Nutzpflanzen unterschiedlichster Art, verwendet werden (siehe Seite 14).

Erstaunliche Verwandtschaft

Die Familie der Kakteengewächse besteht aus etwa 300 Gattungen mit ungefähr 3000 bisher bekannten Arten, obgleich sich die Botaniker bezüglich des Artenreichtums nicht ganz einig sind. Einige Wissenschaftler sehen wesentlich weniger Arten, andere neigen dazu, möglichst viele Formen als eigenständige Art zu klassifizieren. Die Bestimmung und systematische Zuordnung von Gewächsen ist allerdings innerhalb der Botanik ein stets diskutiertes Thema. Unbestritten ist allerdings die Stellung der gesamten Kakteenfamilie

Erstaunliche Verwandtschaft 7

Bei guter Pflege können auch Ihre Kakteen so üppig blühen.

8 Faszination Kakteen

In den Stämmen des *Carnegiea gigantea*, hier ein Exemplar in Arizona, bauen Spechte gerne ihre Bruthöhlen.

im botanischen Stammbaum: Sie wird nahe zu den Nelkengewächsen gestellt.

Die Kakteenbestimmung ist eine Wissenschaft für sich

Die Gattungen und Arten der Kakteen zu unterscheiden, ist bei der großen Formenvielfalt und teilweisen Analogie vieler Gewächse ähnlich schwierig, wie dies beispielsweise bei den Gräsern und Farnen der Fall ist. Besonders der Anfänger findet eine unüberschaubare Anzahl von vermeintlich gleich aussehenden Pflanzen vor, die er kaum unterscheiden kann.

Auch Fachleute streiten immer wieder über die Klassifikation einzelner Gewächse. Beispielsweise haben die Kakteenkundler Barthlott und Hunt 1993 die Gattung *Trichocereus* aufgelöst und den Echinopsen zugeführt. Auch die Gattung

Die botanische Stammtafel der Cactaceae

Klassifikation	Lebewesen	
Domäne	Eukaryoten (Eucaryota)	
Reich	Pflanzen (Plantae)	
Unterreich	Gefäßpflanzen (Tracheobionta)	
Überabteilung	Samenpflanzen (Spermatophyta)	
Abteilung	Bedecktsamer (Magnoliophyta)	
Klasse	Dreifurchenpollen-Zweikeimblättrige (Rosopsida)	
Unterklasse	Nelkenähnliche (Caryophyllidae)	
Ordnung	Nelkenartige (Caryophyllales)	
Familie	Kakteen (Cactaceae)	
	Unterfamilie	**Gattungen**
	Pereskioideae	*Pereskia*
		Maihuenia
	Opuntioideae	*Opuntia*
		Pereskiopsis
		Pterocactus
		Quiabentia
		Tacinga
	Cactoideae	alle anderen

Notocactus wurde eliminiert und deren Arten zu *Parodia* gestellt. Nur drei Jahre später haben die Autoren Erich Götz und Gerhard Gröner in ihrem Standardwerk „Kakteen" die Trichocerei und die Notokakteen wieder als eigenständige Gattungen aufgeführt. Man sieht, es gibt nicht „die richtige Systematik". In diesem Buch wird darauf nur in Einzelfällen eingegangen. Eine Übersicht der wichtigsten Reformen innerhalb der Systematik findet sich im Serviceteil; im vorliegenden Werk wird eine gängige Mischform aus den nomenklatorischen Systemen der Kakteenkundler Curt Backeberg, Franz Buxbaum und Nathaniel L. Britton und Joseph N. Rose verwendet.

Vielfalt innerhalb der Familie

Kakteen sind sukkulente, also fettfleischige (lat. *succus* bzw. *sucus* = Saft) Gewächse, die sich über die Jahrhunderte ihrer Umgebung und den lebensunfreundlichen vegetativen Bedingungen ihrer Heimat angepasst haben. Innerhalb dieser sehr variab-

Die Kakteen der Gattung *Parodia* fallen durch ihre optisch attraktive Bedornung auf.

Erstaunliche Verwandtschaft

> **Stacheln oder Dornen?**
> Dornen sind fest zum Pflanzenkörper gehörende Teile, beispielsweise umgebildete Blätter (bei allen Kakteengewächsen) oder Triebe. Echte Stacheln hingegen sitzen nur auf der Epidermis (auf der Oberhaut) des Stängels, ähnlich, als wären sie aufgeklebt. Ein typisches Beispiel hierfür sind die Rosen (Familie der *Rosaceae*).

len Familie gibt es Pflanzen von 2–3 cm Wuchshöhe neben solchen, die eine Wuchshöhe von 15 m und höher erreichen können. Kakteen als fettfleischige Pflanzen besitzen die Fähigkeit, Wasservorräte über lange Zeiträume zu speichern und sparsam nach Bedarf zu verbrauchen. Der zumeist trockene und öde Lebensraum der Gewächse bedingt dies geradezu. Für diesen Speichervorgang besitzen Kakteen ein sogenanntes kortikales Wassergewebe, sie bewahren also ihre Wasservorräte in der primären, äußeren Rinde auf. Einige Arten, z. B. der Saguaro-Kaktus, *Carnegiea gigantea*, nutzen außerdem das Mark ihres Körpers, also das „Pflanzenfleisch", als Wasserspeicher.

Kakteen sind bedornt, weil die Blätter vieler Arten im Laufe der Evolution verkümmerten. Ähnliches können wir auch bei heimischen Pflanzen beobachten. So sind beispielsweise bei der Schlehe (*Prunus spinosa*) oder beim Holzapfel (*Malus sylvestris*) zwar nicht die Blätter, wohl aber deren Triebe verkümmert und erscheinen nun als Dornen. Der Begriff „Dorn" wird dabei zumeist falsch verwendet und missverstanden. Selbst gestandene Kakteenforscher nutzen zur Beschreibung corniger Kaktusgewächse immer wieder fälschlicherweise den Terminus „Stachel", wohl weil es sich mittlerweile so eingebürgert hat.

Um sich vor Fraßfeinden zu schützen, bedienen sich viele Kakteen einer äußerst geschickten Taktik: Sie integrieren sich optisch in das Landschaftsbild ihres Lebensraumes. Dies lässt sich mit der optischen Anpassung eines Chamäleons oder mancher Insekten vergleichen. Diese besondere Fähigkeit, beispielsweise leblose Objekte (z. B. Steine) oder Pflanzenteile (z. B. Blätter oder Zweige) nachzuahmen um Fressfeinde zu überlisten, nennt der Biologe „Mimese". So tarnen sich *Lophophora*- und *Ariocarpus*-Arten sowie einige andere kleinere Kakteenarten derart perfekt, dass man sie nur mit einem sehr geschulten Auge oder durch Zufall entdecken kann.

Neu entdeckte Arten und Gattungen

Auch heute noch werden immer wieder unbekannte Arten und Gattungen entdeckt, beschrieben und in die botanische Systematik eingeordnet. So wurden in den vergangenen Jahren die Gattungen *Cintia*, *Geohintonia* und *Yavia* erstmalig gefunden und wissenschaftlich definiert. Die Geschichte der Kakteenforschung ist, verglichen mit der gesamtbotanischen Wissenschaftsgeschichte, nicht besonders lang. Es wird also immer wieder vorkommen, dass unbekannte Kakteengewächse entdeckt werden. Diese können neue Arten darstellen, bisher unbekannte Gattungen begründen oder vielleicht Varietäten und Formen bereits be-

Andere Sukkulenten

Pflanze	Botanische Gattung	Familie
Agave	*Agave*	Agavaceae (Agavengewächse)
Aloe	*Aloe*	Aloaceae (Aloegewächse)
Bogenhanf	*Sansevieria*	Dracaenaceae (Drachenbaumgewächse)
Christusdorn	*Euphorbia*	Euphorbiaceae (Wolfsmilchgewächse)
Dachwurz	*Sempervivum*	Crassulaceae (Dickblattgewächse)
Flammendes Käthchen	*Kalanchoe*	Crassulaceae (Dickblattgewächse)
Geldbaum	*Crassula*	Crassulaceae (Dickblattgewächse)
Hoodia	*Hoodia*	Asclepiadaceae (Schwalbenwurzgewächse)
Lebender Stein	*Lithops*	Aizoaceae (Mittagsblumengewächse)
Mauerpfeffer	*Sedum*	Crassulaceae (Dickblattgewächse)

schriebener Pflanzen sein. Schon manches Mal hat die Entdeckung neuer Pflanzen die Ordnung der in mühevoller Kleinarbeit erarbeiteten Kakteen-Systematik ins Wanken gebracht. Die Natur lässt sich nicht ohne Weiteres in Muster pressen.

Kakteenhäuser in botanischen Gärten

Um die Familie der Kakteen genauer kennen zu lernen, lohnt sich auf jeden Fall ein Ausflug in einen botanischen Garten. In den meisten dieser Anlagen existieren Kakteen- oder Sukkulentenhäuser, die häufig über umfangreiche Sammlungen der unterschiedlichsten Pflanzen verfügen. Die einzelnen Exemplare sind dort in aller Regel gewissenhaft mit Namensetiketten versehen und gedeihen zudem in perfekten Verhältnissen.

Hier lassen sich auch „Problemkakteen" sicher bestimmen – vor allem, weil die Gewächse in natura betrachtet werden können und nicht nur anhand eines Fotos zu identifizieren sind. Man kann sich außerdem in einer so professionell angelegten Umgebung einiges für die Heimkultur abschauen. Nicht selten sieht man in solchen Gewächshäusern Kakteen blühen, die zu Hause auf dem Fensterbrett nie oder nur schwer Flor ausbilden.

Kaktus oder nicht?

Bei ungeschulten Pflanzenfreunden herrscht oftmals Unstimmigkeit bzw. Unwissen in Bezug auf die Frage, welche Gewächse denn nun zu den Kakteen gehören und welche nicht. Viele Menschen neigen dazu, Agaven, Euphorbien, Dickblatt-Arten, ja selbst Sempervien und manchmal gar sämtliche Sukkulenten als Kakteen zu bezeichnen. Das ist auch nicht verwunderlich, schließlich entsprechen viele Vertreter der Cactaceae nicht dem typischen Bild eines Kaktus (z. B. die *Pereskien* und einige Epiphyten), wohingegen so manche andere Sukkulenten rein optisch perfekt in das Bild eines Kakteengewächses passen. Diverse Euphorbien, beispielsweise *Euphorbia horrida*, *Euphorbia lactea* und *Euphorbia grandicornis*, sehen wegen ihrer Wuchsform und Dornen für den in der Kakteenkunde Unbedarften tatsächlich wie Kaktuspflanzen aus. Die rundliche und dornenlose Art *Euphorbia obesa* ähnelt auf verblüffende Art und Weise dem Seeigel-Kaktus *Astrophytum asterias*. Natürlich ist dies generell kein Problem, wenn man seine Wohnung

Die Euphorbien gehören zu den Wolfsmilchgewächsen.

einfach mit schönen Grüngewächsen zieren mag. Auch die anderen Sukkulenten sind schön und gerade im Verbund mit Kakteen reizvoll. Die Pflege unterscheidet sich nicht derart signifikant, dass sich eine Mischkultur von mehreren fettfleischigen Pflanzenfamilien zu einem Problem auswachsen könnte. Wer sich allerdings umfassender mit der Pflege der anderen Sukkulenten befassen möchte, der sollte sich im Zweifelsfall in spezialisierte Literatur vertiefen (siehe Serviceteil S. 214).

Ein kleiner Rückblick

Geschichtlich betrachtet gehören die Kakteengewächse zu den jüngeren Pflanzenfamilien. Kakteen wurden 1625 im Kräuterbuch des Heilkundigen und Gelehrten Tabernaemontanus erstmalig schriftlich erwähnt, damals noch als melonenähnliche Blumen bzw. als „Melonendisteln". Aufgrund ihrer exotischen und sehr einzigartigen, eigentümlichen Wuchsform, konnten sich viele Pflanzenfreunde bald für diese außerordentlichen Gewächse begeistern.

Der schwedische Arzt und Botaniker Carl von Linné führte das binäre Namenssystem der Pflanzen ein, nach dem jedes Gewächs einen lateinischen bzw. griechischen Gattungs- und einen Artnamen erhält. Er ist auch der Urheber der Bezeichnung „Cactus". Diesen Namen leitete Linné vom griechischen Wort *kàktos* her, das ins Deutsche übersetzt in etwa „stachelige Pflanze" bedeutet. Bei den Griechen der Antike wurde mit diesem Begriff die ebenfalls stachelige Artischocke bezeichnet.

Kakteen – vielfältig verwendbar

Viele Kakteen werden von den indigenen Völkern als Nutzpflanzen für verschiedene Zwecke gebraucht. Aus den Pflanzen bzw. deren Teilen lassen sich Alltags- und Gebrauchsgegenstände wie Baustoffe, Nähnadeln, Briefkästen, Kämme und Zäune fertigen. Kakteen dienen zudem seit langem als „natürliche Apotheke" und als biologische „Chemiefabriken". So dopen sich manche Stammesangehörige mit leistungssteigernden, amphetaminartig wirksamen Zubereitungen aus dem kleinen Kaktus *Epithelantha micromeris* vor sportlichen Wettkämpfen, drei weitere Kakteenarten enthalten Koffein, und viele Arten können als Nahrungs- und Genussmittel, andere als hoch wirksame Medizin verwendet werden.

Die Homöopathie nutzt schon seit einiger Zeit Zubereitungen aus *Selenicereus grandiflorus*, *Myrtillocactus geometrizans*, *Eriocereus bonplandii*, *Nyctocereus serpentinus* und einigen *Opuntia*-Arten. Interessanterweise lassen sich die aus den Kakteen hergestellten Potenzen bei Herzerkrankungen (z. B. Angina pectoris-Anfällen), Durchblutungsstörungen, Darmbeschwerden und vielerlei anderen Erkrankungen verwenden. Auch die Schulmedizin entdeckt allmählich die heilsamen Eigenschaften der Kakteen. So soll das Fleisch der Opuntien beispielsweise den Blutzuckerspiegel und den Cholesterinhaushalt in günstiger Weise beeinflussen. Auch als Nahrungsmittel werden zahlreiche Kakteen verwendet. Eine Reihe Gattungen und

Kakteen – vielfältig verwendbar 15

Essbare Kakteen (Auswahl)	
(Gattungsangaben beziehen sich immer auf mehrere genießbare Spezies)	
Gattung/Art	**Essbare Teile**
Carnegiea gigantea	Früchte, Fruchtfleisch (Sítoli), Honig (Saguaro)
Cereus subsp.	Früchte (Pitahaya dulce)
Echinocactus subsp.	Früchte, Fruchtfleisch
Echinocereus subsp.	Früchte
Echinopsis subsp.	Früchte, seltener auch das Fruchtfleisch
Epithelantha micromeris	Früchte (Chilitos), seltener der ganze Kaktus
Espostoa lanata	Früchte
Ferocactus subsp.	Fruchtfleisch
Hylocereus subsp.	Früchte (Drachenfrucht, Pitahaya)
Lemaireocereus marginatus	Früchte
Mammillaria subsp.	Früchte (Chilitos), seltener auch das Fruchtfleisch
Melocactus subsp.	Früchte
Mila subsp.	Früchte
Myrtillocactus geometrizans	Früchte („Heidelbeeren", Garambulos)
Neowerdermannia vorwerkii	Früchte, der ganze, geschälte (und gekochte) Kaktus
Opuntia subsp.	Früchte, Knospen, Blüten, Triebe (Nopalitos)
Oreocereus subsp.	Früchte (Pasacana)
Pachycereus subsp.	Früchte, Samen
Pereskia subsp.	Früchte, Blätter
Selenicereus megalanthus	Früchte, Triebe
Soehrensia subsp.	Früchte (Pasacana)
Stenocereus subsp.	Früchte
Trichocereus subsp.	Früchte (Pasacana)

Opuntia cochenillifera dient den Cochenilleläusen als Wohnstätte.

Arten werden entweder allein oder als Speise-Zusatz gegessen. Die Tabelle auf Seite 15 gibt Auskunft über essbare Kakteen.

Der wertvolle Farbstoff

Die Feigenkaktus-Art *Opuntia cochenillifera* heißt in Mexiko „Nopalnochetzli" und wird dort in ganz spezieller Art und Weise verwendet. Auf dieser Opuntie wird die Cochenillelaus (in Mexiko „Nochetzli" genannt), eine Schildlaus-Art, gezüchtet. Wir kennen hierzulande Schildläuse als Schädlinge und bekämpfen sie, in Mexiko haben die Tiere jedoch eine andere Bedeutung. Die Cochenille-Laus ist nämlich ein wertvoller Lieferant von natürlichen Farbstoffen. Die Schildläuse saugen den Saft der Kakteen auf. Wenn auf einer Opuntie eine ausreichende Anzahl der Läuse vorhanden ist, werden diese abgekratzt, über Wasserdampf abgetötet und anschließend in der Sonne getrocknet und zu einem Pulver verarbeitet. Das Pulver der Weibchen ergibt einen rot-blauen Farbton, das der männlichen Schildläuse einen scharlachroten. Bereits die Azteken machten sich diese Eigenschaft zunutze und färbten mit Schildlausfarbe Textilien und andere Gegenstände und nutzten diese als Grundstoff für die Kriegsbemalung. Als im sechzehnten Jahrhundert die Spanier in Mexiko einfielen und sich der Kulturgüter und Schätze bemächtigten, waren die Eroberer von der aus Schildläusen hergestellten Farbe so angetan, dass sie sich die Praxis der Cochenille-Zucht abschauten bzw. fortan diesen natürlichen Farbstoff aus Mexiko importierten.

Reichtum der Kakteenformen

Die folgende Übersicht über die morphologischen Erscheinungsformen der Kakteengewächse gibt einen ersten Eindruck von der äußeren Vielfalt dieser Pflanzenfamilie. Das Bild des gemeinen Kaktus, der stark bedornt ist und kugelig oder säulig wächst, entspricht bei weitem nicht der Wirklichkeit. Es gibt viele Kakteen, die der urtümlichen Vorstellung vom Aussehen dieser Gewächse nicht entsprechen. Deshalb wurde ein künstliches System erstellt, das die Cactaceae außerhalb der nomenklatorischen Systematik nach ihrer Wuchsform klassifiziert. Dies erleichtert dem Einsteiger die Orientierung, denn das ungeschulte Auge ist zumeist nicht in der Lage, die unterschiedlichen Kakteen ausschließlich anhand des äußeren Erscheinungsbildes zu identifizieren. So werden beispielsweise häufig die Agaven und Euphorbien zu den Kakteen gezählt, hingegen Arten der Gattungen *Hatiora* oder *Pereskia* nicht. Man unterscheidet:

- Pereskienartige Kakteen
- Opuntienartige Kakteen
- Gliederkakteen
- Blattkakteen
- Blattwarzenkakteen
- Echte Warzenkakteen

Pflegeansprüche bekannter Pereskienartiger	
Pereskia	pflegeleicht, direkte Sonne, durchlässiges und nährstoffreiches Substrat
Pereskiopsis	relativ pflegeleicht, sonniger bis halbschattiger Standort, nährstoffreiches Substrat
Quiabentia	relativ pflegeleicht, Standort in direkter Sonne möglich, halbschattiger Platz allerdings günstiger, Haltung im Gewächshaus vorteilhaft

- Kugelkakteen
- Schlangenkakteen
- Säulenkakteen

Innerhalb dieser Gliederung kommt manche Gattung mehrfach vor, z. B. kann man *Rhipsalis* sowohl zu den Glieder- als auch zu den Blatt- und Schlangenkakteen zählen. Außerdem müssen intern noch weitere Formen unterschieden werden, nämlich baumartige, strauchartige, säulige, kurzsäulige, kugelige und scheibenförmige Kakteen.

Pereskienartige

Die urtümlichsten Vertreter der Cactaceae sind nach heutigem Stand des Wissens die Laubkakteen, die Pereskien. Die Arten der Gattung *Pereskia* lassen sich von Einsteigern und Laien nur schwer als Kakteengewächs identifizieren. Die ähnlich aussehenden Arten der Gattung *Pereskiopsis* sowie die Quiabentien zählen ebenfalls zu den Pereskienartigen. Pereskien werden von Kakteenliebhabern gern und oft als Pfropfunterlage verwendet, z. B. für den Weihnachtskaktus *Schlumbergera* oder für *Rhipsalis*.

Die Gattung Opuntia umfasst mehr als 200 Arten, hier *Opuntia pycnantha* var. *margaritana* (oben) und *Opuntia grandis* (Seite 19 links).

Opuntienartige

Die Gruppe der Opuntienartigen wurde in mehrere Untergruppen aufgeteilt. Allein die sehr bekannte Gattung *Opuntia* besteht insgesamt aus mehr als 200 Arten. Ursprünglich aus Amerika stammend, haben sich diese sogenannten Feigenkakteen auf allen Kontinenten verbreitet. Opuntien sind in Südfrankreich, Spanien und Griechenland ebenso häufig wie in

Pflegeansprüche bekannter Opuntienartiger	
Maihuenia	relativ pflegeleicht, *Maihuenia peoppigii* ist sogar winterhart, gute Dränage notwendig
Opuntia	pflegeleicht, gut auf der Fensterbank kultivierbar, einige Arten winterfest und ganzjährig im Freiland kultivierbar
Pterocactus	relativ pflegeleicht, Zimmerkultur in direkter Sonne oder an einem halbschattigen Standort möglich
Tacinga	Gewächshaus, Zimmerkultur möglich, halbschattiger Standort

Südafrika. Australien hatte gar vor Jahren mit einer wahren *Opuntia*-Plage zu kämpfen. Die Pflanzen verwilderten so stark, dass sie die einheimische Flora zu verdrängen drohten. Viele Arten dieser Kakteen können selbst bei uns in Mitteleuropa heimisch werden, sie sind winterhart. Die Pflanzen tragen rundliche, zylindrische bis ohrenförmige Triebe, auch die anderen opuntienartigen Kakteen zeichnen sich durch runde oder gliederähnliche Triebe aus und haben, mit

Schlumbergera-Arten erfreuen meist im Winter mit ihrer Blütenpracht (oben).

Ausnahme der *Maihuena*- und vereinzelter *Tacinga*-Arten, echte Glochiden (borstige Dornenbüschel).

Gliederkakteen

Die Gliederkakteen werden, ebenso wie die Pereskienartigen, von vielen nur schwerlich als Kakteen erkannt. Sie sind entweder mit blattähnlichen

Pflegeansprüche bekannter Gliederkakteen	
Epiphyllanthus	relativ pflegeleicht bis anspruchsvoll, Kultur im Zimmer möglich, Gewächshaus vorteilhaft
Hatiora	pflegeleicht und recht blühfreudig, halbschattiger Standort
Rhipsalidopsis	bedingt pflegeleicht, kalkloses und humoses Substrat, im Winter warm stellen, von September bis zur Blüte nur wenig wässern
Rhipsalis	relativ pflegeleicht, halbschattiger Standort, Ruhezeit von September bis Oktober
Schlumbergera	bedingt pflegeleicht, kalkloses und humoses Substrat, im Winter warmer Standort, September bis zur Blüte wenig wässern

Die Vertreter der Gattung *Hatiora*, hier *Hatiora gaertneri*, sind oft dornenlos.

Einen *Discocactus* sollte man im Gewächshaus halten.

platten, gezahnten oder rundlichen Gliedern ausgestattet, wie der Osterkaktus *Rhipsalidopsis* und der Weihnachtskaktus *Schlumbergera*, oder aber von zylindrisch-strauchiger Form, wie *Epiphyllanthus*, *Rhipsalis* und *Hatiora*. Übrigens ist eigentlich nur die Art *Rhipsalidopsis gaertneri* als Osterkaktus bekannt. Im Gartenfachhandel werden jedoch in der Regel auch andere Arten als „Osterkakteen" verkauft.

Blattkakteen
Zu den Blattkakteen gehört mit zwölf Gattungen eine umfänglichere Anzahl an Gewächsen als zu den bisher besprochenen Gruppen. *Rhipsalis* kann sowohl hier als auch bei den Gliederkakteen eingeordnet werden, eine erste Überschneidung innerhalb dieses künstlichen Systems. Die meisten

Blattkakteen leben in ihrer Heimat epiphytisch (also auf anderen, höher wüchsigen Gewächsen, z. B. auf Bäumen) und weisen platte, blattartige Triebe und nur spärliche bis fehlende Dornen auf.

Blattwarzenkakteen
In der Gruppe der Blattwarzenkakteen stehen für Sammler wichtige, viel gesuchte und einzigartige Gattungen beieinander. Dies sind *Ariocarpus*, *Encephalocarpus*, *Leuchtenbergia*, *Obregonia*

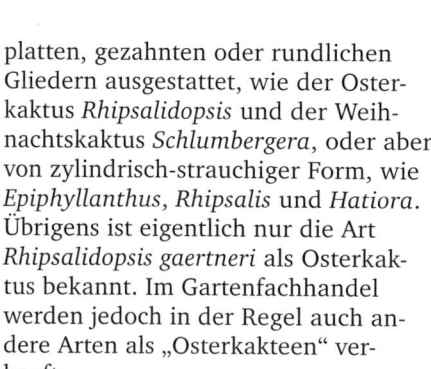

Viele Kakteen, wie auch *Leuchtenbergia principis*, brauchen im Winter gar kein Wasser (Seite 21 links).

Die Blüten von *Obregonia* denegrii stehen fast zentral auf dem Kaktus (Seite 21 rechts).

Pflegeansprüche bekannter Blattkakteen	
Epiphyllum	bedingt pflegeleicht, feuchtes bis tropisches Klima, Kultur
Disocactus	schwierig, Kultur im Gewächshaus
Nopalxochia	schwierig in der Zimmerkultur, besser im Gewächshaus
Wittiocactus	schwierig in der Zimmerkultur, besser im Gewächshaus

Pflegeansprüche bekannter Blattwarzenkakteen	
Ariocarpus	schwierige Pflege, Kultur im Gewächshaus empfohlen, im Sommer eine Ruhezeit bei vollkommener Trockenheit, während der Vegetationsperiode nur sparsam gießen, am besten auf einem resistenten Kaktus veredelt zu halten
Encephalocarpus	schwierig, durchlässiges und mineralisches Substrat, vollsonniger Standort, im Winter gänzlich trocken
Leuchtenbergia	ebenfalls anspruchsvoll, viel Sonne, sparsam gewässert, im Winter völlig trocken
Obregonia	schwierig, keine volle Sonne, halbschattiger Standort, mineralisches und durchlässiges Substrat
Strombocactus	anspruchsvoll, vollsonniger Standort, mineralisches Substrat, wenig Feuchtigkeit, im Winter völlig trocken, idealerweise veredelt gehalten

und *Strombocactus*. Alle Blattwarzenkakteen haben eine verdickte Rübenwurzel und blatt- oder papierartige, zumeist rosetten- oder kugelförmig angeordnete Warzen. Für die Zimmerkultur sind diese Pflanzen in aller Regel weniger geeignet. Auch ist die Pflege der genannten Gattungen eher dem fortgeschrittenen Kakteenliebhaber zu empfehlen.

Echte Warzenkakteen
Die echten Warzenkakteen, die mit sieben Gattungen innerhalb dieses Systems eine recht große Gruppe bilden, haben gewarzte bzw. gerippte, meist kugelig gedeihende Körper.

Pflegeansprüche bekannter Echter Warzenkakteen	
Coryphantha	bedingt pflegeleicht, gut durchlässiges Substrat mit hohem Bimskiesanteil, einige Arten frostfest, im Winter nicht gießen
Escobaria	bedingt pflegeleicht, empfindlich gegen Staunässe, mineralisches, durchlässiges Substrat, einige Arten (z. B. *Escobaria missouriensis*) winterhart
Mammillaria	pflegeleicht (je nach Art auch etwas anspruchsvoller, z. B. *Mammillaria carmenae, Mammillaria pilcayensis* usw.), dicht bedornte Arten vollsonnig, freiere Arten halbschattig, durchlässiges Substrat und Dränage, im Winter fast trocken
Neolloydia	ähnlich *Mammillaria*
Ortegocactus	ähnlich *Mammillaria*
Pelecyphora	relativ pflegeleicht, Halbschatten oder indirektes Sonnenlicht an warmem Standort, geringer Wasserbedarf, durchlässiges Substrat
Sclerocactus	schwierig in der Pflege, gedeiht selbst veredelt auf geeigneten Unterlagen (beispielsweise auf langsamwüchsigen *Trichocereus*- bzw. *Echinopsis*-Arten) nicht zuverlässig

Reichtum der Kakteenformen 23

Auch *Coryphantha boreigii* bildet Blüten in der Nähe des Cephaliums (links).

Populär und weit verbreitet sind beispielsweise die Mammillarien, die neben den Opuntien den größten Artenreichtum innerhalb der Familie der Kakteengewächse aufweisen, und die Arten der Gattungen *Escobaria* und *Coryphantha*, von denen einige bei uns sogar winterhart sein können.

Etwas schwierigere Pflanzen sind die Arten der Gattungen *Pelecyphora* und *Sclerocactus*.

Kugelkakteen

Kugelkakteen sind zumeist von rundlichem Wuchs, können aber im Alter häufig auch säulig gestreckt oder im Ausnahmefall sogar niederliegend schlangenförmig wachsen. Zu dieser großen Gruppe, die über dreißig Gattungen umfasst, gehören z. B. die As-

Pflegeansprüche bekannter Kugelkakteen	
Astrophytum	bedingt pflegeleicht, mineralisches Substrat und warmer Standort, vollsonnig bis halbschattig, im Winter fast trocken
Aztekium	schwierig, mineralisches Substrat, Pflege im Gewächshaus wird empfohlen
Echinocactus	bedingt pflegeleicht, warmer und sonniger Standort, im Winter relativ trocken und hell, einige Arten (z. B. *Echinocactus grusonii*) gut im Zimmer kultivierbar, andere im Gewächshaus
Echinopsis	meist robust, Fensterbrett, heller Standort, nährstoffreiches Substrat
Epithelantha	anspruchsvoll, mineralische Erde
Ferocactus	pflegeleicht bis anspruchsvoll, lehmiges Substrat, heller Standort, mäßig wässern
Gymnocalycium	pflegeleicht bis anspruchsvoll, humoses und lehmiges Substrat, reagiert empfindlich auf ein Übermaß an Nässe
Lophophora	schwierig, mineralisches Substrat, nicht zu stark wässern, Gewächshaus
Melocactus	Kultur im Gewächshaus günstiger, heller und warmer Standort, im Winter nicht zu kalt
Notocactus	pflegeleicht, gut für Anfängern, nährstoffreiches Substrat, heller und warmer Standort

Lophophora williamsii bildet das halluzinogene Alkaloid Meskalin, das seit Urzeiten von Schamanen genutzt wird.

Gymnocalycium carminanthum ist eine der wenigen rotblühenden Arten der Gattung.

trophyten, unter anderem die bekannte Bischofsmütze (*Astrophytum myriostigma*) und der Seeigelkaktus (*Astrophytum asterias*), die in den USA und Mexiko beheimatet und von einmaligem Aussehen sind. Auch der berühmt-berüchtigte Schwiegermuttersessel (*Echinocactus grusonii*), dessen Verwandte sowie die vielgestaltigen Echinopsen, Ferokakteen, Parodien und Gymnocalycien sind Vertreter der typischen Kugelkakteen.

Astrophytum myriostigma bildet bei guter Pflege prächtige Blüten aus.

Schlangenkakteen

Die Schlangenkakteen wachsen niederliegend, kletternd oder hängend und werden häufig am Rankgerüst oder in Ampelsystemen kultiviert. Die Triebe können berippt, geflügelt oder rundlich sein. Die bereits bei den Glieder- und Blattkakteen eingeordnete Gattung *Rhipsalis* ist ebenso zu den Schlangenkakteen zu rechnen wie *Selenicereus*, *Aporocactus*, *Hylocereus* und *Heliocereus*.

Säulenkakteen

Säulenkakteen sind in den Augen der meisten Menschen die faszinierendsten Kaktusgewächse. Viele der fackel- oder kandelaberartig wachsenden Pflanzen erreichen nach Jahren eine stattliche Größe, zudem sind die mal borstigen, mal kraftvoll mächtigen Dornen vieler Arten beeindruckend. Die aus den Westernfilmen bekannten und machtvollen Exemplare, z. B. *Carnegiea gigantea* oder *Pachycereus*-Arten, die in der Wüstenlandschaft ihrer Heimat oftmals ganze Wälder bilden, sind häufig der Inbegriff eines typischen Kaktus.

Ein *Aporocactus*, hier *Aporocactus flagelliformis*, wirkt sehr dekorativ.

Pflegeansprüche bekannter Schlangenkakteen	
Aporocactus	pflegeleicht, heller Standort, reichlich Wässerung, nährstoffreiches Substrat
Heliocereus	pflegeleicht, nährstoffreiches und humoses Substrat, halbschattiger Standort, regelmäßige Bewässerung
Hylocereus	pflegeleicht, hell, warm und feucht, wachsen sehr rasch, für die Fensterbank-Kultur nur bedingt geeignet
Selenicereus	pflegeleicht, humoses Substrat, warmer und heller Standort, Rankgerüst, raschwüchsig, für die Fensterbank-Kultur nur bedingt geeignet

Pflegeansprüche bekannter Säulenkakteen	
Carnegiea	bedingt pflegeleicht, jüngere Exemplare in Zimmerkultur (nur eine Art *Carnegiea gigantea*), Gewächshaus empfehlenswert, behäbig wachsend, durchlässiges Substrat, mäßige Wassergaben
Cereus	pflegeleicht, auch auf der Fensterbank, nährstoffreiches und humoses Substrat, regelmäßige Wassergaben, im Winter nicht ganz trocken
Cleistocactus	pflegeleicht, warm und hell, nährstoffreiches Substrat, einige Arten mit Ruhezeit im Sommer (Juli bis August), gedeihen in den Herbst- und Wintermonaten
Echinocereus	pflegeleicht bis bedingt anspruchsvoll, lehmiges und leicht sandiges Substrat, warm, hell, bis zum Sommer regelmäßig wässern, vom Herbst bis zum Frühjahr trocken
Haageocereus	pflegeleicht, lehmige und sandige Erdmischung, gewissenhafte Bewässerung, im Sommer Ruhepause (trocken), im Winter nicht zu kalt
Myrtillocactus	pflegeleicht, viel Wärme, kräftige Wassergaben, heller Standort, im Winter recht warm
Pachycereus	bedingt pflegeleichte Arten, warmer und heller Standort, gut durchlässiges Substrat, auch auf der Fensterbank
Pilosocereus	bedingt pflegeleicht, warmer und heller Standort, ausreichende Bewässerung, im Winter warm
Trichocereus (Syn. *Echinopisis*)	pflegeleichte, robuste, für die Zimmerkultur geeignet, nährstoffreiche Erdmischung, warm und hell, regelmäßige Bewässerung

Carnegiea gigantea wird in seiner Heimat im Süden der USA bis zu 20 m hoch.

Trichocereus pasacanta in Argentinien.

Die Blüten von *Myrtillocactus geometrizans* sind für die Größe der Pflanze auffallend klein.

Die Kakteensammlung für Einsteiger

Für eine erfolgreiche Kultur und ein befriedigendes Hobby sollten einige Grundvoraussetzungen erfüllt sein. Bevor man sich Kakteen anschafft und eine Kakteensammlung aufbaut, ist es zunächst wichtig, sich folgende Fragen zu stellen:

- Welches **Platzangebot** möchte oder kann ich meiner (entstehenden) Sammlung einräumen?
Dieser Punkt entscheidet in erheblichem Maße über die spätere mögliche Größe einer Kakteenkollektion und auch über die jeweils passende Wuchshöhe (oder -breite) einzelner Exemplare. Selbstverständlich können auf den Abmessungen einer Fensterbank keine allzu großen oder ausladend rankenden Kakteen untergebracht werden, wohingegen beispielsweise ein Wintergarten erheblich mehr Möglichkeiten bietet.
- Welche **Standorte** stehen mir zur Verfügung?
Nicht alle Kakteen bevorzugen die gleichen Lichtverhältnisse. Einige Arten mögen einen eher halbschattigen Standort, andere sollten dafür sonnig stehen. Deshalb ist es wichtig, vor dem Kauf folgende Überlegungen anzustellen:
  - Kann bzw. möchte ich meinen Kakteen ein Süd-, ein Ost- oder ein Westfenster bieten?
  - Werde ich meine Pflanzen vollsonnig oder halbschattig oder gar im Freiland, Frühbeet oder Gewächshaus unterbringen?
- Welche **Zeit** und welches **Wissen** habe ich für meine Kakteen?
Manche Pflanzen verlangen vom Pfleger eine eingehende Beschäftigung mit den Ansprüchen. Dahingegen kann eine kleine, aber feine Sammlung von ausschließlich schönen, blühwilligen und pflegeleichten Arten, beispielsweise mit Arten der Gattung *Mammillaria*, begonnen und sukzessive ausgebaut werden. Schwierig zu haltende Arten, derer es eine stattliche Anzahl gibt, sollte man nur dann in die Kollektion aufnehmen, wenn man über den notwendigen Standort verfügt und den Kakteen ein erhebliches Maß an Zeit widmen kann.

Kakteen kaufen

Kakteen sind heutzutage praktisch überall erhältlich, im Garten- und Baumarkt, beim Floristen, im Kaufhaus und zuweilen sogar an der Tankstelle. Es ist jedoch nicht zu empfehlen, Kakteen in solchen Geschäften zu kaufen, denn die Gewächse sind in den meisten Fällen in keinem guten Zustand. Die

30 Die Kakteensammlung für Einsteiger

Kakteen-Gärtnereien bieten ein reichhaltiges Angebot.

Kakteen werden von den Mitarbeitern falsch oder im schlimmsten Falle überhaupt nicht gepflegt. Gezielte Fragen zur Behandlung einer Pflanze oder zu den Anforderungen, die ein spezielles Gewächs an Standort und Kulturbedingungen stellt, können zumeist nicht befriedigend beantwortet werden. Außerdem ist die mangelnde oder äußerst missverständliche bis unkorrekte Kennzeichnung der Kakteen für viele Einsteiger ein Problem. Ein unidentifizierter Kaktus kann zu Hause nicht entsprechend seiner Ansprüche gepflegt werden. Von Fall zu Fall fällt es schwer, Kakteen zu bestimmen, manchmal gelingt es dem Anfänger gar nicht. Die erworbene Pflanze hat demnach meist keine besonders lange Lebensdauer.

Aus diesen Gründen sollten Kakteen ausschließlich beim **Fachzüchter** besorgt werden, beispielsweise in spezialisierten Kakteengärtnereien. Dort werden die Pflanzen korrekt und gewissenhaft aufgezogen und gepflegt. Auch wird der Käufer vom speziell geschulten Personal fachkompetent beraten, Fragen können direkt gestellt, Probleme sofort gelöst werden.

Möchte man doch eine schöne Pflanze aus dem Supermarkt kaufen, so gibt es einige Punkte, die man sich vor Augen führen und prüfen sollte, damit sich daheim nicht irgendwann die große Enttäuschung einstellt:

Ein Kakteenbeet eines Sammlers bei künstlicher Beleuchtung.

- Kakteen aus Massenproduktionen, die für unseren Bereich vornehmlich aus den Niederlanden stammen, scheinen häufig in dem Augenblick zu blühen, in dem man sie entdeckt. Man sollte sich vergewissern, ob die vermeintlichen Blüten nicht vielleicht aus am Pflanzenkörper angeklebten oder gar aus eingesteckten unechten **Blüten**, also Attrappen, besteht. Das ist leider oft der Fall, und die Kakteen sind durch diese Maßnahme der Verkaufsförderung bereits geschwächt und bieten durch die künstlichen Blüten eine Angriffsfläche für Krankheitserreger.
- Die in großfloristischen Betrieben produzierten Kakteen werden meistens im Verbund mit allerlei anderen Pflanzen herangezogen und dementsprechend nicht sachgerecht gepflegt. Solche Kakteen sind daher oftmals von vornherein von **Schädlingen** befallen oder auf andere Weise mit Erkrankungen belastet.
- Viele solcher in großem Stil produzierten Kakteen stehen häufig über Monate in einfachem Zierpflanzensubstrat und werden vom achtlosen und laienhaften Hilfspersonal annähernd täglich gegossen. Die **Abwehrkraft** der Pflanzen ist in diesem Fall gänzlich geschwächt, auch leiden die Gewächse unter einer permanenten Staunässe, das Wurzelsystem somit unter Sauerstoffmangel. Folge: Die

Kakteen im Beet an einem sonnigen Standort.

Pflanze wird unweigerlich faulen. Möglicherweise kann der Kaktus zu Hause sofort in frische Erde gegeben und somit noch gerettet werden. Auch ist es einen Versuch wert, aus dem Exemplar Stecklinge zu gewinnen, die dann weiterkultiviert werden können. Ein guter Einstieg in die Beschäftigung mit Kaktusgewächsen ist ein solcher Kauf jedoch sicherlich nicht.

- Werden die Töpfe für die Kakteen zu klein und die Wurzeln entsprechend zu lang, ist es beim Personal vieler Gartencenter leider Usus, die überstehenden **Wurzelfasern** aus optischen Gründen einfach abzuschneiden oder auszureißen. Das ist freilich nicht immer und nicht in jedem Markt der Fall, wird aber zum Leidwesen des Käufers erfahrungsgemäß

immer wieder so praktiziert. Man sollte also einen Kaktus (oder mehrere) in jedem Fall beim Fachhändler kaufen. Auch wenn ein solcher Einkauf meist auf Basis eines Bestellvorganges geschehen muss, wohingegen man im Blumenmarkt die Pflanzen gleich mitnehmen kann. Die investierte Wartezeit lohnt sich aber in jedem Fall.

Pflanzen aus der Natur?

Sollte man auf die Idee kommen, z. B. während eines Amerika-Aufenthaltes Kakteen aus ihrem natürlichen Lebensraum zu entfernen und als Souvenir mit nach Hause zu nehmen, so muss dabei Folgendes dringend bedacht werden: Die wild vorkommenden Arten unterstehen **streng reglementierten Naturschutzgesetzen**, viele Pflanzen sind aufgrund des zunehmenden Raubbaus am ökologischen System vom Aussterben bedroht. Die widerrechtliche Aneignung minimiert in immensem Maße die Population der Kakteen, auch wenn man als Einzelperson durchaus dem Irrtum unterliegen kann, dass das Ausgraben von nur einem Gewächs das Vorkommen einer Art nicht gefährden könne. Eben jene Einstellung der Menschen hat mit botanischer Liebhaberei nichts zu tun und hat beispielsweise bereits zur radikalen Dezimierung der Orchideenflora in Deutschland und anderen Ländern geführt. Genauso verhält es sich mit den Kakteen. Die organisierten Pflanzenräuber tun ihr Übriges, um nur für begeisterte Touristen den Wildpflanzenbestand auf Dauer zu dezimieren. Gewächse, die aus ihrer Heimat entführt und den Lebensbedingungen ihres natürlichen Standortes entrissen wurden, überleben bei uns in aller Regel nicht lang. Außerdem wird eigens für die Heimkultur eine beträchtliche Menge an Kakteen, Orchideen und anderen Pflanzen von Spezialisten vermehrt und gezüchtet, sodass der – im übrigen unter schwerer Strafe stehende – Raub von Wildgewächsen völlig überflüssig ist.

Geeignete Standorte

Der Standort und das Gefäß der Kakteen sind von großer Bedeutung für den Erfolg der Kakteensammlung. Natürlich bewohnen die Kaktusgewächse in ihrer Heimat individuelle Standorte und benötigen daher verschiedene Ve-

In einer geschützen Ecke fühlen sich Kakteen auch im Freien wohl.

Viele Kakteen gedeihen besonders gut im Gewächshaus.

getationsverhältnisse. Wer hier gezogene, anspruchslose Pflanzen zu Hause auf dem Fensterbrett pflegen mag, der kann einige Faustregeln bezüglich des bevorzugten Standortes auf praktisch alle Kulturkakteen anwenden:

- Werden die Pflanzen in der **Wohnung** gehalten, sind ein Süd-, ein Ost- oder ein Westfenster die besten Plätze für die Sammlung. Nordfenster sind gar nicht geeignet, da sie so gut wie kein Sonnenlicht bieten.
- Die Kakteen sollten direkt auf der **Fensterbank** stehen, da es den Pflanzen mitten im Raum wegen des meist unzureichenden schlechteren Lichtangebots schlecht gehen könnte. Ausnahmen sind natürlich möglich, z. B. wenn der Raum sehr hell ist und vornehmlich epiphytische Kakteen gehalten werden, die die volle Sonne nicht vertragen.
- Die Kakteen sollten nicht permanenter **Zugluft** ausgesetzt sein und so am Fenster stehen, dass das Sonnenlicht nur indirekt auf sie einfällt, sie also nicht voll trifft. Direktes Sonnenlicht kann jüngere, noch nicht besonders resistente Pflanzen beschädigen. Auch größere und eingewöhnte Kakteen können jedoch nach dem Besprühen mit Wasser (siehe S. 46) oder unmittelbar nach der Winterruhe in vollsonnigem und aggressivem Licht Schaden nehmen.
- Für eine optimale Atmungsaktivität

und die dafür notwendige Kohlendioxidversorgung sollte auf die regelmäßige Zufuhr von genügend **Frischluft** geachtet werden. Kakteen lieben in den meisten Fällen eine hohe Umgebungstemperatur.
- Im **Garten** sollten Kakteen – je nach Art und Anspruch – an einen sonnigen bis halbschattigen Platz gestellt werden. Für einen adäquaten Gasaustausch sorgt bei einer Freilandkultur die Natur.

Frühbeet und Gewächshaus

Ein Frühbeet bietet dem Pflanzenfreund und Gärtner viele Vorteile. Auch Kakteen können darin gehalten werden und damit die Vorzüge des puren Sonnenlichts genießen, sind aber nicht den mitunter ungünstigen Einflüssen des Wetters ausgesetzt. Ist das Frühbeet mit einem Heizlüfter ausgestattet, können manche nicht frostharten Arten zudem darin über den Winter gebracht werden. Das Frühbeet darf keinerlei Spalten und keine Schlitze zwischen Deckel und Kasten aufweisen. Die Abdeckung sollte in jedem Fall ausreichend isoliert sein, dann können Regen, Wind, Raureif und Schnee nicht in den Kasten eindringen – die Kakteen sind geschützt. Das Frühbeet sollte in sonnenreichen Zeiten ausreichend belüftet werden. Manche Frühbeete können automatisch den Deckel des Kastens anzuheben. Fehlt die notwendige Luftzirkulation, werden die Pflanzen verbrennen oder unter der anhaltenden Luftfeuchtigkeit leiden.

Das Gewächshaus

Schwierig zu haltende Arten bringt man am besten im Gewächshaus unter. Neben der regulierbaren Luftfeuchtigkeit und der intensivierten Sonneneinstrahlung haben die Kakteen hier ein optimales Platzangebot. Kleinere, aber nicht für alle Zwecke nutzbare Gewächshäuser gibt es schon ab etwa 350 € im Baumarkt. Diese genügen den Ansprüchen eines erfahrenen Zierpflanzensammlers mit einer großen Kollektion von Gewächsen meist nicht. Steht man aber erst am Anfang der Kakteensammlung, so können kleine bauliche Eingriffe die Verhältnisse verbessern. Die Plattenelemente eines günstigen Gewächshauses können zur Stabilisierung und Isolation mit Kautschuk oder handelsüblichem Fugenfüller isoliert werden. Größere und belastungsfähigere Gewächshäuser werden ab etwa 2500 € vom Fachhandel angeboten.

> **Mein Tipp für Sie** — **Tipp**
>
> Ein einfaches **Frühbeet** lässt sich recht simpel **selber zusammenbauen**. Als Grundlage dient für diesen Zweck eine großflächige Kiste aus Holz, Blech oder Plastik. Ein mit Plexiglas oder dicker Klarsichtfolie bespannter Rahmen kann als Oberteil des Beetes, also als zu öffnender Deckel, Verwendung finden. Um das Ablaufen von Regenwasser von der Oberfläche des Frühbeets zu fördern, sollte der Deckel des Kastens zudem eine Schräge aufweisen, also in einem Winkel von etwa 45 Grad abschüssig installiert sein.

36 Die Kakteensammlung für Einsteiger

Auf einer Fensterbank finden verschiedene kleine Kakteen, hier in Gesellschaft einer Madagaskarpalme, genügend Platz.

Gestalten mit Kakteen

Kakteen bieten in den unterschiedlichsten Bereichen interessante Gestaltungsmöglichkeiten.

Im Wohnbereich
Wohnzimmer Grundsätzlich ist das Wohnzimmer der wohl beliebteste Raum für eine Kakteensammlung. Das Fensterbrett und in Lichtnähe installierte Regale, Vitrinen, Kommoden und Ampelgefäße sichern ein ausreichendes Platzangebot für überschaubare und ansprechende Kollektionen der Pflanzen. Besonders starkwüchsige Exemplare, z. B. hohe Säulenkakteen, lassen sich gut in der Ecke eines Zimmers auf den Fußboden stellen. Idealerweise wählt man in diesem Fall als Standort einen fensternahen Platz. Kleinere und weniger bedornte Kakteen, an denen man sich nicht so leicht verletzt, können in einem hellen Raum ebenso gut auf dem Wohnzimmer- oder Esstisch zur Geltung kommen. So ist die Komposition einer formschönen Schale mit einer bunten Mischung blühwilliger Miniaturkakteen reizvoll und vermittelt ein exotisches Flair.

Küche und Bad Im Grunde gelten für Kakteen in Küche und Bad die gleichen Grundsätze. Ein Fensterplatz ist für die meisten Arten geeignet. Gerade Ampelpflanzen können mit wenig Aufwand eine gemütliche Atmosphäre schaffen. Nur sollte in kleineren Küchen und Bädern darauf geachtet werden, möglichst Pflanzen auszuwählen, die von Natur aus eine erhöhte Luftfeuchtigkeit verlangen, da in beiden Räumen häufig

heißes Wasser verdunstet und das Klima deshalb von dem des Wohnzimmers abweicht.
Wintergarten Die Möglichkeiten im Wintergarten sind schier unbegrenzt. Allein die Größe der Räumlichkeit ist entscheidend, welchen Umfang eine Kakteensammlung annehmen darf. Die großzügigen Fensterfronten und die allgemeine Helligkeit eines Wintergartens erlauben die Kultur der verschiedensten Gewächse. So können größere und rankende Exemplare im Kübel ebenso gehalten werden wie ein großflächigeres Arrangement kleinerer Kakteen.
Kakteen im Büro Mit Kakteen gelingt es leicht, den Arbeitsplatz zu verschönern. Im Allgemeinen sieht man in Büroräumen häufig sukkulente Pflanzen. Das liegt an deren relativer Anspruchslosigkeit. Zu den beliebten Euphorbien, *Crassula*-Arten (besonders populär: der Geldbaum, *Crassula ovata*) und anderen Gewächsen können nun in stilvoller Weise eine Handvoll Kakteen gesellt werden. Eine Gruppe von dornenlosen Astrophyten, bunt blühenden *Schlumbergera*- oder hängenden *Hatiora*-Arten bereichert den Schreibtisch oder die Fensterbank.

Auf Balkon und Terrasse, im Garten und im Hof

Kakteen in Kübeln und Schalen Die Zierpflanzen im Außenbereich eines Hauses oder einer Wohnung steigern die Lebensqualität um ein Vielfaches. Dem frühjährlichen und sommerlichen Meer aus Blüten setzen viele Menschen die eher einfache und rustikale Schönheit von mächtigen Grünpflanzen entgegen und gestalten mit Agaven, Yucca-Palmen und Bananestauden eine Vielfalt, die zum Verweilen einlädt. Kombinationen mit kräftigen Kakteen in fülligen Keramik-Kübeln, z. B. bepflanzt mit *Epiphyllum*-, *Opuntia*- und *Cereus*-Arten, vermitteln ein mediterranes Ambiente.
Kakteenbeete Ein Gefühl von Urlaub kann auf dem eigenen Grundstück ganzjährig realisiert werden. So ist eine Auswahl winterharter Kakteen im Beet durchaus geeignet, den Garten in ein kleines exotisches Paradies zu verwandeln. Gerade im Zusammenspiel mit anderen Sukkulenten, aber auch mit immergrünen Bäumen – beispielsweise Buchsbaum, Scheinzypresse oder Eibe – vermitteln Freilandkakteen mitunter ein Bild, wie man es aus südländischen Gebieten kennt.

Die Umgebung: Luft und Licht

Pflanzen benötigen wie alle Lebewesen **Sauerstoff**. Dabei produzieren die grünen Pflanzen mit ihrem grünen Farbstoff Chlorophyll durch die sogenannte Photosynthese dieses Gas selbstständig. Dennoch müssen unsere Kakteen in der Heimkultur für ein optimales Wuchsverhalten und Gedeihen mit ausreichender Frischluft versorgt werden. Über längere Zeiträume einströmende Zugluft sollte allerdings bei den meisten Arten vermieden werden. Kann man dies gewährleisten – was wegen der regelmäßigen Frischluftzufuhr unter anderem voraussetzt, dass die Fensterbank nicht zu sehr mit Pflanzen bestückt ist – werden sich die Exemplare gut entfalten.

Pflegeleichte Kakteen gedeihen hinter der Fensterscheibe gut. Dieser Standort bietet den Vorteil einer durch die Sonne regulierten Thermik. Das ist für viele Arten genau das Richtige. Einige Arten jedoch lassen sich am Fenster schwer bis gar nicht halten, beispielsweise die der Gattung *Ariocarpus*, die eher die klimatischen Bedingungen eines Gewächshauses verlangen. Nicht nur regelmäßiges Lüften ist für die Pflanzen wichtig, sondern – gerade bei den Kakteen – die **Lichtintensität**, mit der die einzelnen Arten bedacht werden. Es gibt Kakteen, typische Wüstenbewohner oder montane Pflanzen, die möglichst viel volle Sonne verlangen und solche, die aus tropischen Verhältnissen kommen und eher halbschattig untergebracht werden sollten.

Kakteen unter Kunstlicht

Manche Pflanzenfreunde betreiben im Keller eine Kunstlichtanlage, unter der sie ihre Sammlung hegen und pflegen. Die dafür notwendigen Lampen- und Lüftungssysteme sind zum einen recht teuer und verbrauchen andererseits eine unglaubliche Menge an Strom. Kleinwüchsige Kakteen können mit diesen Systemen zwar grundsätzlich gehalten werden, es ist aber nicht gerade optimal. Die Pflanzen werden mithilfe jener Technik nicht so gedeihen, wie man es erwartet. Für Kunstlichtlösungen sollte man sich deshalb tatsächlich nur entscheiden, wenn beengte Wohnverhältnisse dies erfordern. Wenn man sich dennoch für diese Art der Pflanzenpflege entscheidet, muss man sich wegen der vielfältigen Angebote auf dem Sektor Kunstlicht bereits im Vorfeld intensiv mit der Thematik auseinandersetzen. Ein Einsteigersystem, das es bereits ab etwa 70 € gibt, umfasst gerade eine (meist nicht besonders leistungsfähige) Lampe. Mehr als 3–4 Kakteen können unter einem solchen Anfängerset nicht gepflegt werden.

Wieso gibt es dann überhaupt solche Systeme? Kunstlichtanlagen werden normalerweise hauptsächlich von professionellen Züchtern eingesetzt, z. B. zur Anzucht von Stecklingen und Keimlingen oder aufgrund der künstlich verlängerbaren Tageslichtzufuhr zur Manipulation der Blütezeit.

Das richtige Gefäß

Der Topf ist das primäre Zuhause fast aller Zimmerpflanzen. Daher ist die Wahl des richtigen Materials wichtig. Prinzipiell bieten sich uns zwei Varianten an: der Ton- und der Plastiktopf. **Tontöpfe** sehen zwar schön aus und können deshalb mit einem Untersetzer sogar ohne Übertopf auf der Fensterbank stehen. Dennoch ist es ratsam, für unsere Kakteen Topfmaterial aus **Plastik** zu verwenden. Das Wurzelwerk der Pflanzen drängt sich mit der Zeit in einem Tontopf an einer Stelle der Gefäßinnenwand dicht zusammen und haftet an dieser. Beim Umtopfen müssen die empfindlichen Wurzelfasern vom Tonmaterial abgerissen oder -geschnitten werden, was der Pflanze nicht gut tut. Plastiktöpfe bieten hier die wesentlich bessere Alternative. Das Wurzelwerk breitet sich in diesen gleichmäßig im Substrat aus und klebt nicht im Topfinneren fest. Aus optischen Gründen stellen die meisten Pflanzenfreunde ihre Schützlinge zusätzlich in Übertöpfe, obwohl natürlich auch bei der Verwendung von Plastikmaterial Untersetzer zum Auffangen des aus den Bodenlöchern ablaufenden Gießwasser-Überschusses ausreichend wären.

Spezielle Bedürfnisse: Substrat für Kakteen

Kakteen lassen sich am besten auf einem individuellen Substrat bzw. einem Erdgemisch pflegen, das den charakteristischen Bedürfnissen der jeweiligen Pflanzen Rechnung trägt. Zu diesem Zweck empfiehlt es sich, das Kaktussubstrat selbst zu mischen.

> **Mein Tipp für Sie** — **Tipp**
>
> Die folgende **Erdmischung** ist für viele Kakteengewächse verträglich:
> - 4 Teile Spezial-Kakteenerde mit hohem Bimskies-Anteil
> - 2 Teile Spielsand (Bausand ist gänzlich ungeeignet, da er zu hohe Kalkanteile aufweist)
> - 2 Teile Lauberde
> - 1 Teil feinkörniger, gewaschener Aquarienkies
> - wenig Kokosfaser

Diese Komposition tut einem Großteil der Kaktuspflanzen gut, auch wenn die Mixtur nicht pauschal bei allen Kakteen verwendet werden kann. Ein *Ariocarpus* z. B. würde in diesem Substrat auf Dauer nicht besonders gesund leben. Im Abschnitt „Kakteen von A bis Z" (siehe Seite 109ff.) kann man sich über die individuellen Bedürfnisse der Kakteenarten informieren. Die Anforderungen von schwierigeren Arten erfährt man aus spezieller Literatur oder über einen Fachmann aus der Kakteengärtnerei.

Die Substrate kann man mit interessanten und wertvollen Zuschlagstoffen aus dem Garten- und Pflanzenhandel, beispielsweise Perlite, Blähton, Lauberde, Sphagnum-Moos, Lehm, Lavalit, Granitgrus, Bims, Blähschiefer, Bentonit, verbessern.

Kunstgriff Dränage

Die Dränage ist für die nässeempfindlichen Wurzeln der meisten Kakteen von erheblicher Bedeutung. Gießwasserüberschüsse können gut ablaufen, wenn der Kaktus durch den Einsatz von Tonscherben oder groberem Kies gut dräniert ist. Das ist wichtig für die Atmungsaktivität des Wurzelsystems. Bleibt die Kakteenerde über längere Zeiträume nass, verhindert dies die notwendige Zufuhr von Sauerstoff. Die Wurzeln beginnen zu faulen, die Pflanze wird absterben.

Pflege und Vermehrung von Kakteen

Kakteen-Arrangement in einem botanischen Garten.

So pflegt man einen Kaktus

Gießen – mehr als man denkt

„Ach, das ist ein Kaktus. Den musst du nicht gießen." Solche oder ähnliche Aussagen hört man zuweilen, wenn es um die dornigen Gesellen geht. Viele Menschen glauben tatsächlich, dass Kakteen kein Wasser benötigen – und wenn überhaupt, dann nur sehr wenig. Das ist allerdings ein fataler Irrtum! Kakteen sind Pflanzen, die je nach Art zu 80–95 % aus Wasser bestehen, und wie alle Pflanzen brauchen auch Kakteen Wasser.

Die irrige Annahme, Kaktusgewächse kämen ohne Flüssigkeit aus, beruht auf der Tatsache, dass diese Pflanzen mit ihrem sukkulenten Körper in der Lage sind, zugeführtes Wasser über längere Zeiträume zu speichern und bedarfsweise zu verbrauchen. Das ist beispielsweise in den kargen und öden Wüstenlandschaften des amerikanischen Kontinents, der Heimat vieler Cactaceae, von erheblicher Bedeutung. Die dort lebenden Kakteen zehren von der Flüssigkeit, die sie entweder durch einen der seltenen Regengüsse, durch den Frühtau oder über die Umgebungsluft aufnehmen können. Ihr dauerhaftes Überleben ist nur gesichert, weil die Kakteen in der Lage sind, diese Wasserressourcen im fettfleischigen Körper aufzubewahren und ihrem Organismus langsam zuzuführen.

Alle Pflanzen, die in wenig feuchten Gebieten gedeihen, z. B. die sukkulenten Euphorbien der heißen Regionen Afrikas und viele andere Wüstenbewohner, haben ähnliche Mechanismen der Wasservorratshaltung entwickelt. Deshalb ist die Vielfalt der Sukkulenten geradezu überwältigend. Auch in Mitteleuropa leben solche fettfleischigen Pflanzen, z. B. Arten der Gattungen *Sempervivum* und *Sedum*, denen man

> **Wann gieße ich meine Kakteen?**
> Während der Hauptwachstumsphase der meisten Kakteen, die sich von März bis Ende August erstreckt, benötigen die Gewächse relativ viel Feuchtigkeit. Bei einigen Arten, beispielsweise der Gattung *Astrophytum*, beginnt die Vegetationsperiode später, erst im April. Viele Astrophyten-Sammler bewässern ihre Pflanzen ausschließlich von April bis September und halten die Arten für den Rest des Jahres trocken.
> Manche anderen Kakteen, wie beispielsweise *Ariocarpus*-Arten, lassen sich allerdings nicht nach diesem Schema pflegen, denn diese halten während des Sommers jene Ruhezeit, die andere Kakteen im Winter genießen.

Ferocactus wislizenii mit schön gefärbten Dornen.

häufig auf oder an Mauern begegnen kann.

Staunässe vermeiden

Beim Gießen von Kakteen muss in besonderem Maße darauf geachtet werden, dass überschüssiges Wasser rasch ablaufen kann. Staut sich Flüssigkeit im Wurzelbereich, hat dies zur Folge, dass der Sauerstoffvorrat im Substrat schnell zur Neige geht und das Wurzelsystem seine Atmungsaktivität einbüßt. In den heißen Monaten, ab Temperaturen von etwa 25 °C, schützen Kakteen sich mittels einer Wachsversiegelung vor Austrocknung. Das im sukkulenten Pflanzenkörper gespeicherte Wasser wird dann nicht mehr verbraucht. In diesem Moment ist die Pflanze weder in der Lage, Flüssigkeit aufzunehmen, noch Wasser zu verdunsten. In dieser Situation ist die Gefahr einer Wurzelübernässung mit darauf folgender Schimmelpilzbildung am größten. Ist dies der Fall, sollte das Substrat nicht dauerhaft feucht gehalten werden, sondern zunächst komplett durchtrocknen.

In der Hauptwachstumsperiode werden die meisten Kakteen gegossen, sobald das Substrat trocken ist oder ein paar Tage danach. Dies geschieht am besten morgens oder abends, wenn die Temperaturen ein moderates Level erreicht haben. Hier sollte allerdings auf die entsprechenden Vorlieben des jeweiligen Kaktus geachtet werden. Einige Pflanzen, z. B. jene, die aus tropischen Bereichen stammen, mögen eine immer gleichbleibende Feuchtigkeit der Erde. Zur Kontrolle bietet der Handel einen Feuchtigkeitsmesser an, natürlich kann das Substrat in kleineren Töpfen auch mit den Fingern untersucht werden.

Zum Überwintern von Kakteen eignet sich gut ein kühles Treppenhaus.

Die Techniken des Gießens

Für das Gießen von Kakteen gibt es mehrere Varianten. Optimal ist eine Bewässerung von unten her, bei der sich das Substrat vollsaugt. Dafür stellt man den im Plastiktopf befindlichen Kaktus auf eine Unterlage, z. B. in eine mit Wasser gefüllte Schale oder einen größeren Übertopf. Die Pflanze bleibt so lange auf dieser Unterlage, bis die Erde ganz durchfeuchtet ist. Anschließend muss sie sofort aus dem Wasser, ordentlich abtropfen und zurück an ihren Platz.

Eine andere Methode ist die Anstaumethode, die sich allerdings nicht für Gewächse in sehr sandigem Substrat eignet. Hier wird der komplette Topf in eine mit Wasser gefüllte größere Schüssel oder in eine Badewanne getaucht.

Eine gute Pflege begünstigt die Blütenbildung, wie hier bei *Rebutia minuscula*.

Wenn sich keine Luftbläschen mehr bilden, muss der Kaktus sofort aus dem Wasser und abtropfen. Auch er kommt wieder an seinen Platz.

Im heißen Sommer können Kakteen – auch solche, die ihren Standort im Freien haben – zusätzlich abgebraust werden. Das tut ihnen besonders gut. Für diese Maßnahme ist die Mittagszeit, in der die Sonnenstrahlen recht grell und aggressiv auf die Pflanzen einfallen, allerdings zu meiden. Das starke Licht würde durch die Wassertropfen auf dem Pflanzenkörper gebündelt und könnte damit Verbrennungsschäden verursachen. Wir kennen dieses Prinzip von der Lupe, mit der man durchaus in der Lage ist, ein Feuer zu entfachen.

Gießen in der Winterruhe?

Je nach Art wird ab September weniger gewässert. Ganz nach Konstitution und Anspruch der jeweiligen Pflanzen sollte man bedarfsorientiert und schrittweise die Wassergaben reduzieren. Ab Oktober beginnt die Winterruhe der meisten Kakteen. Einige verlangen in dieser Periode durchgehende Trockenheit, andere mögen leicht feucht gehalten werden. Tropische Kakteen, z. B. *Schlumbergera*-Arten, kommen gar nicht in ein gesondertes Winterquartier. Die Übersicht über die „Kakteen von A bis Z" (siehe Seite 109ff.) gibt über Bedürfnisse einzelner Arten Auskunft. Viele in Winterruhe stehende Kakteen sollten ab Februar wieder gegossen werden, anfänglich jedoch sehr sparsam. Bis etwa Mitte/Ende März sind die Wassergaben sukzessive zu steigern, und ab diesem Zeitpunkt wird wieder normal gewässert. Zum Gießen benutzt man am besten abgestandenes Leitungswasser oder sauberes Regenwasser.

Kakteen in Hydrokultur

Die Kultur von Kakteen ist auch in Hydrosystemen möglich. Prinzipiell lassen sich alle Standard-Hydro-Substrate wie Blähton, Kiesel oder Plastik verwenden. Soll ein Kaktus, der vorher in Erde gewachsen ist, nun in Hydrokultur gepflegt werden, muss das komplette Wurzelwerk vom Altsubstrat befreit werden. Dafür bietet sich an zu warten, bis die Erde trocken ist. Auf diese Weise lässt sich die Wurzel wunderbar freilegen. Anschließend sollte sie gründlich mit warmem Wasser gespült werden, um letzte Reste des Substrats zu entfernen.

Anfänglich erhält der Hydro-Kaktus ausschließlich Wasser ohne Nährstoffzugabe. Die Beigabe von im Fachhandel erhältlicher Nährlösung erfolgt dann nach 3–4 Wochen. Im Winter wird der Wasserpegel konstant niedrig gehalten, sodass die Wurzel nur schwach feucht bleibt. Auf Nährstoffzusatz kann während der kalten Monate verzichtet werden. Fachmännischer Rat zur Hydrokultur und den allgemeinen Grundsätzen dieser Pflegemethode kann im Gartenmarkt oder über Spezial-Literatur zu Rate gezogen werden.

Düngen

Die meisten Kakteen werden nur im Frühjahr und Sommer bis Ende August gedüngt – nämlich dann, wenn das Substrat ausgelaugt ist und neue Nährstoffe benötigt. Der Düngerbedarf ist bei den diversen Pflanzen recht unterschiedlich. Per Faustregel kann gegen Ende März/Anfang April und erneut im Juli gedüngt werden.

Einige Kakteen beanspruchen allerdings individuelle Düngergaben. So möchten z. B. die aus tropischen Gebieten stammenden Gewächse, insbesondere die Epiphyten, häufiger gedüngt werden als die typischen Wüstenpflanzen. Für die meisten Kakteen ist der Gebrauch von handelsüblichem Spezial-Kakteendünger die beste Lösung. Dieser ist besonders arm an Stickstoff, was auf die Dauer überlebenswichtig für eine Vielzahl von Kaktusgewächsen ist. Einige Arten jedoch – z. B. *Rhipsalis* und *Selenicereus* – verlangen normalen Zierpflanzendünger. Wurde eine Pflanze gerade umgetopft, kann der Dünger zunächst gespart werden, da das frische Substrat die erforderlichen Nährstoffe enthält.

Die Blüte begünstigen

Damit die Kakteen Blüten bilden, muss man einige Faktoren beachten. So schafft man die denkbar günstigsten Voraussetzungen für prachtvoll blühende Kakteen und für eine befriedigende Kultur, die alljährlich mit Flor erfreut.

Das Blühverhalten hängt unter anderem von der jeweiligen Art ab. Hochwüchsige Säulenkakteen, wie z. B. *Pachycereus*, *Carnegiea* und *Myrtillocactus*, blühen erst nach vielen Jahren und bei entsprechend ausreichender Größe. Natürlich müssen auch kleinwüchsige Kakteen zunächst ihr blühfähiges Alter erreichen. Einige Arten sind bereits nach einem Jahr in der Lage, Knospenansätze zu bilden, andere benötigen zehn Jahre und mehr. Manche Kakteen werden in Zimmerkultur überhaupt nicht zur Blüte gelangen.

Ein wichtiges Kriterium für die Blütenbildung ist die Ernährung der Pflanzen. Grundsätzlich gilt: Sollen Kakteen zur Blüte angeregt werden, müssen die meisten Arten stickstoffarm ernährt, also entsprechend gedüngt werden. Kakteendünger enthält nur geringe Stickstoffanteile, dafür aber mehr Kalium und Phosphor und ist damit als „Blühdünger" geeignet. Wichtig für die Blütenbildung ist die jedes Jahr einzuhaltende Ruhephase, die die meisten Kakteen in den Wintermonaten halten möchten und in der die Wassergaben erheblich reduziert werden. In dieser Zeit bilden die Gewächse ihre Knospenansätze.

Nur mit Handschuhen: Umtopfen

Kakteen werden dann umgetopft, wenn dem Wurzelsystem im alten Topf nicht mehr ausreichend Platz geboten wird. Einige Pflanzenfreunde topfen ihre Schützlinge grundsätzlich im Turnus von zwei Jahren um. Manche Kakteen wachsen oberirdisch zwar nur langsam, dafür deren Wurzeln umso schneller. Das gilt in besonderem Maß für Rübenwurzler. Ein deutlicher Indikator für zu umfangreiche Wurzeln sind die aus den Löchern des Topfes wachsenden Fasern. In diesem Fall muss ein Gewächs schleunigst in einen größeren Behälter gesetzt werden. Dieser sollte nach Möglichkeit nur eine oder zwei Nummern größer gewählt werden, denn ein zu voluminöses Gefäß bringt den Nachteil mit sich, dass aufgenommene Nässe um ein Vielfaches langsamer abgegeben werden kann.

Das Umtopfen ist an sich ganz einfach. Man wählt dafür einen Zeitpunkt, an dem das Substrat trocken und damit schön locker geworden ist. Um den Wurzelballen zu lösen, klopft man den Topf leicht auf einer harten Unterlage auf. Aus den Löchern hervorstehende Wurzelteile sollten nach Möglichkeit unbeschädigt aus diesen herausgezogen werden. Ist dies nicht möglich, müssen die Fasern sauber mit einem scharfen und keimarmen Messer abgetrennt werden. Um den Kaktus gut fassen zu können, empfiehlt es sich, dicke Gärtnerhandschuhe zu tragen. Besonders dornige Exemplare können mit Styropor oder Zeitungspapier angehoben und vom Topf befreit werden. Anhaftendes Altsubstrat kann mit den Fingern, mit einem Stift und mit einem Pinsel sorgfältig entfernt werden. Anschließend wird die Pflanze in einen größeren Topf mit frischer Erde gesetzt.

Die Kakteen sollten nach dem Umtopfen nicht direkt gegossen werden. Um ihnen eine Eingewöhnungsphase zu gewähren, wässert man den Topf erst einige Tage später.

Unbedingt einhalten: Winterruhe

Ab **Mitte bis Ende Oktober** kommen die meisten Kakteen in einen Überwinterungsraum. Dort bleiben sie bis etwa Ende Februar/Anfang März. Die Pflanzen sollen hier nicht auf der Fensterbank, sondern an einem hellen und gut gelüfteten Standort untergebracht werden. Einige Kakteenfreunde räumen ihre Gewächse in den Keller. Je nach Art muss die Umgebungstemperatur zwischen 5 und 15 °C Celsius liegen. Individuelle Werte für einzelne Pflanzen finden sich im Abschnitt „Kakteen von A bis Z" (siehe Seite 109ff.) An weniger kalten Tagen darf man ruhig ab und zu durchlüften.

Das Gießverhalten während der Winterruhe orientiert sich an den jeweiligen Bedürfnissen der verschiedenen Kakteen. Einige Arten verlangen, völlig trocken zu stehen, andere brauchen eine regelmäßige (meist nur sehr sparsame) Wasserzufuhr.

Im Verlauf der winterlichen Ruhephase reduzieren die Kakteen ihre natürlichen Körperfunktionen auf ein Minimum, sammeln neue Kräfte und bereiten sich auf die Blüte im nächsten

Echinocereus triglochidiatus kann im Freien überwintern, braucht aber einen Regenschutz.

Jahr vor. Sie sollten in dieser Zeit wenig Stress ausgesetzt sein und sich in Ruhe erholen dürfen.

Zum Ende der Überwinterungsperiode, etwa in der **zweiten Februarwoche**, kommen die Kakteen wieder an ihren Platz. Deckt man die Kakteen vorübergehend ab, so kann man dem Einfluss der recht grellen Februarsonne begegnen. Gerade während der Mittagszeit sollten die noch müden Kakteen mit Zeitungspapier oder Seidentüchern geschützt stehen. Eine solche Maßnahme verhindert, dass die Triebe sich zu rasch weiterbilden und bewahrt die Kakteen außerdem vor Verbrennungsschäden. Nun werden allmählich und vorsichtig auch die Wassergaben wieder gesteigert. Ab April beginnt allmählich die Vegetationsperiode der meisten Kakteen.

Winterharte Kakteen

Ein besonderes Kapitel der Kakteenpflege ist die Kultur der winterharten Arten. Diese können im Freiland ausgepflanzt und ganzjährig dort gehalten werden. Es gibt eine recht umfangreiche Auswahl an Kakteen, die im mitteleuropäischen Raum für den Garten geeignet sind und teilweise Temperaturen unter −20 °C ertragen. Einige Arten brauchen im Winter einen speziellen Schutz, z. B. eine Abdeckung, andere hingegen kommen problemlos über die kalten Monate. Vor wenigen Jahren waren winterharte Kakteen noch eher eine Seltenheit und als Nischenprodukte den Fachhändlern vorbehalten. Heute können die populärsten Exemplare, z. B. Arten der Gattungen *Opuntia* (Feigenkaktus) und *Echinocereus* (Igelsäulenkaktus), in manchem Gartencenter oder über den floristischen Versandhandel beschafft werden. In den Tabellen finden Sie eine Übersicht über die gängigen Pflanzen, sie sind nach einem speziellen Schlüssel geordnet. Einige Kakteengärtnereien verkaufen auch Arten der Gattungen *Austrocactus*, *Pediocactus* oder *Pterocactus* als winterharte bzw. frostharte Kakteen. Diese sind jedoch nur eingeschränkt und aus-

So pflegt man einen Kaktus

Winterharte Kakteen (Auswahl; ohne Gewähr)

Pflanze	Temperatur	Regenschutz
• Ancistrocactus		
Ancistrocactus tobuschii	***	∧
• Coryphantha		
Coryphantha chihuahuensis	**	∧
Coryphantha echinus	**	∧
Coryphantha macromeris	**	∧
Coryphantha runyonii	**	∧
• Echinocereus		
Echinocereus adustus	** / ***	∧
Echinocereus albispinus	*	∧
Echinocereus baileyi	*	∧
Echinocereus cinerascens	****	∧
Echinocereus coccineus	* / **	∧
Echinocereus dasyacanthus	** / ***	∧
Echinocereus engelmannii	** / ***	∧
Echinocereus fasciculatus	**	∧
Echinocereus fendleri	*	∧
Echinocereus kuenzleri	*	∧
Echinocereus lloydii	***	∧
Echinocereus reichenbachii	*	∧
Echinocereus rigidissimus	***	∧
Echinocereus roetteri	** / ***	∧
Echinocereus russanthus	**	∧
Echinocereus triglochidiatus	* / **	∧
Echinocereus viridiflorus	* / **	∧

Fortsetzung: Winterharte Kakteen (Auswahl; ohne Gewähr)

Pflanze	Temperatur	Regenschutz
• Escobaria		
Escobaria albicolumnaria	***	∧
Escobaria asperispina	***	∧
Escobaria chaffeyi	****	∧
Escobaria guadalupensis	**	∧
Escobaria leei	**	∧
Escobaria minima	***	∧
Escobaria missouriensis	*	∧
Escobaria orcuttii	**	∧
Escobaria sandbergii	**	∧
Escobaria sneedii	***	∧
Escobaria tuberculosa	**	∧
Escobaria villardii	** / ***	∧
Escobaria vivipara	* (**)	∧
• Gymnocalycium		
Gymnocalycium achirasense	****	∧
Gymnocalycium andreae	****	∧
Gymnocalycium borthii	****	∧
Gymnocalycium bruchii	***	∧
Gymnocalycium chubutense	**	∧
Gymnocalycium gibbosum	** / ****	∧
• Maihuenia		
Maihuenia poeppigii	*	- (∧)
• Notocactus		
Notocactus mammulosus	****	∧

Fortsetzung: Winterharte Kakteen (Auswahl; ohne Gewähr)

Pflanze	Temperatur	Regenschutz
• Opuntia		
Corynopuntia clavata	* / **	∧
Corynopuntia grahamii	****	–
Cylindropuntia imbricata	* / **	–
Cylindropuntia leptocaulis	***	–
Cylindropuntia spinosior	**	–
Cylindropuntia versicolor	***	∧
Cylindropuntia viridiflora	*	∧
Cylindropuntia whipplei	* / **	–
Maihueniopsis darwinii	*** / ****	– (∧)
Maihueniopsis hickenii	****	∧
Maihueniopsis minuta	*** / ****	∧
Maihueniopsis neuquensis	*** / ****	∧
Maihueniopsis ovata	****	∧
Opuntia angustata	***	∧
Opuntia basilaris	** / ***	∧
Opuntia compressa	* / **	–
Opuntia engelmannii	**	–
Opuntia erinacea	**	∧ (–)
Opuntia fragilis	* (**)	–
Opuntia hystricina	**	∧ (–)
Opuntia macrocentra	** / ***	∧ (–)
Opuntia macrorhiza	**	–
Opuntia phaeacantha	* / **	–
Opuntia polyacantha	** / ***	∧ (–)

Winterharte Kakteen

Fortsetzung: Winterharte Kakteen (Auswahl; ohne Gewähr)

Pflanze	Temperatur	Regenschutz
Opuntia pottsii	**	–
Opuntia rhodantha	** / ****	∧ (–)
Opuntia rutila	**	–
Opuntia sanguinicula	**	–
Opuntia tortispina	**	–
Opuntia violacea	***	∧
Opuntia xanthostemma	**	–
• **Sclerocactus**		
Sclerocactus parviflorus	* / **	∧

Schlüssel für die klimatische Zuordnung der winterharten Kakteen

*	Kakteen ertragen Temperaturen von unter –20 °C
**	Kakteen ertragen Temperaturen bis –20 °C
***	Kakteen ertragen Temperaturen bis –15 °C
****	Kakteen ertragen Temperaturen bis 0 °C
∧	Kakteen benötigen Regenschutz
/	Angaben, die durch einen Querstrich getrennt sind, geben an, dass die entsprechende Pflanze in unterschiedlichen Varietäten verschiedene Temperaturen verlangen kann
( )	Angaben in Klammern bedeuten, dass mindestens eine Varietät oder Unterform die angegebene Temperatur verlangt

schließlich in sehr milden Gebieten winterfest. Es gibt einen deutlichen Unterschied zwischen **winterharten** und **frostharten** Kakteen. Frostharte Kakteen leben z. B. in südamerikanischen Hochgebirgen und vermögen sehr niedrige Temperaturen zu ertragen (gerade nachts können das schon mal bis zu −40 °C sein!). Zu diesen zählen diverse Arten der Gattungen *Trichocereus, Gymnocalycium, Lobivia, Matucana, Oreocereus, Oroya* und andere. Die Annahme, dass solche Kakteen dann auch automatisch in mitteleuropäischen Gefilden winterhart sein müssen, ist schlichtweg falsch. Diese sogenannten frostharten Arten kommen bei Temperaturen unter −10 °C mit der hiesigen Luftfeuchtigkeit nicht zurecht. Südamerikanische Klimate bieten den Pflanzen bei kaltem Wetter weniger als 20 % Luftfeuchte.

Es kann jedoch durchaus gelingen, einen *Trichocereus bridgesii* im Topf und auf der Terrasse etwas vor Regen geschützt, gut über den Winter zu bringen.

Pflege der winterharten Kakteen

Die Pflege und das Handling der im Garten kultivierten winterharten Kakteen weichen von der Behandlung der im Zimmer zu pflegenden Kaktusgewächse ab. Freilandkakteen werden **von April bis Anfang August** wöchentlich kräftig gewässert und in etwa zweiwöchigem Turnus gewissenhaft gedüngt. Das Düngen wird ab August eingestellt und die Bewässerung schrittweise bis auf ein Minimum reduziert, da die Pflanzen bereits ab Mitte September mit ihrer Überwinterungsperiode (oder besser Ruhephase) beginnen. Selbstverständlich erfüllt die Funktion dieser Vegetationspause die gleichen Zwecke wie es schon von den Zimmerkakteen bekannt ist. Von **September bis April** reduzieren die Pflanzen ihre natürlichen Funktionen auf ein Minimum und sammeln Kraft für die ab Mai beginnende Blütezeit. Erreichen die Temperaturen während der kalten Jahreszeit einen Wert von unter −20 °C, empfiehlt es sich dringend, die Gewächse etwas abzudecken. Wenn sich ab April die ersten Blütenansätze bilden, ist es für den Freilandkakteen-Halter wieder Zeit, die Kakteen zu wässern und zu düngen.

Unerwünschte Schädlinge und Krankheiten

Schädlinge

Wenn ein einzelner Kaktus oder gar die ganze Sammlung plötzlich zu kränkeln beginnt, können dafür verschiedene Auslöser die Ursache sein. Mit dem nötigen Spezialwissen und der Zuhilfenahme einer Reihe diagnostischer Parameter ist es möglich, anhand der Symptome die Krankheit oder den Schädlingsbefall zu erkennen und zu behandeln. Zwar können Kakteen durchaus auch von Viruserkrankungen oder bakteriellen Infekten befallen werden. In den meisten Fällen jedoch handelt es sich im Falle eines Falls um tierische **Schädlinge**, die häufig über neu eingekaufte Pflanzen in die Sammlung eingeschleppt wurden. Die saugenden Insekten, etwa Blattläuse und andere, verursachen durch ihre Einstiche und Absonderungen weitere Krankheiten, zumeist **Pilzerkrankungen**. Bei den **Nützlingen** handelt es sich ebenfalls um Tiere. Damit sind solche gemeint, die sich von den Schädlingen ernähren und diese damit minimieren oder gänzlich von den Pflanzen entfernen. Den Kakteen selbst fügen sie keinen Schaden zu. Nützlinge erhält der Kakteenfreund über die im Serviceteil angegebenen Bezugsquellen.

Blattläuse (Überfamilie Aphidoidea)
Schädling und Symptome: Blattläuse sind sehr häufige Schädlinge. Die grünen Tierchen sind deutlich sichtbar. Sie stechen Triebe an, saugen Saft aus dem Pflanzenkörper und scheiden den so genannten Honigtau aus. Im Endeffekt schädigt der durch die Einstiche und Ausscheidungen entstandene Rußpilz die Pflanze.
Behandlung: Behandlung mit Neem® Schädlingsfrei (Neem® ist ein rein pflanzliches, bienen- und nützlingsschonendes Präparat aus Samenextrakt des Neembaumes).

Dickmaulrüssler (Gattung *Otiorhynchus*)
Schädling und Symptome: Man unterscheidet zwei Arten des Dickmaulrüsslers, den schwarzgefärbten und den braungefärbten Dickmaulrüssler. Die erwachsenen Tiere fressen Kakteentriebe an, die Larven verstecken sich im Substrat und schädigen das Wurzelsystem. Die Pflanze wird mit der Zeit und mit zunehmendem Befall welk und leblos. Sie fällt in sich zusammen. Dickmaulrüssler kommen hauptsächlich im Winter und Frühjahr vor.

Behandlung: Die Käfer können recht leicht mit der Hand abgenommen werden. Es empfiehlt sich darüber hinaus der Einsatz der Raubnematode als Nützling.

Fadenwürmer (Stamm Nematoden)
Schädling und Symptome: Der an Kakteen vorkommende Nematode nennt sich *Heterodera cacti*. Die Nematoden sitzen im Substrat an der Wurzel und zerfressen diese sukzessive. Die Schädlinge selbst sind nicht sichtbar. Die Pflanze stellt aber das Wachstum ein oder minimiert dieses radikal. Da viele Kakteen recht langsam wachsen, lassen sich Nematoden häufig erst sehr

> ### Gefürchtete Ruß(tau)pilze
> Pflanzensaugende Insekten hinterlassen auf der Pflanze ihren zuckerhaltigen Kot, den Honigtau, auf dem die Ruß(tau)pilze aus der Familie der Capnodiaceae, einen braunschwarzen Pilzrasen bilden. Dadurch wird die Assimilationsleistung der Pflanze beeinträchtigt.

> ### Mein Tipp für Sie — Tipp
> Alternativ zum Einsatz des Präparats können Sie die Blattläuse **von Hand** entfernen, abwaschen oder mit Flüssigseife (zum Beispiel Neudosan®) so gut wie möglich abreiben. Sie können auch selbst eine Sprühlösung zubereiten. Diese können Sie aus vier Teilen Wasser, einem Teil Reinigungsalkohol und einem Teil flüssiger Schmierseife leicht herstellen. Mit dieser Lösung werden die befallenen Pflanzen besprüht, notfalls auch mehrfach.

spät ausmachen. Wurzelälchen bilden an der Wurzel kleine runde Zysten, die mit mehreren hundert Eiern gefüllt sind. Daher weitet sich die Population der Schädlinge über die Zeit massiv aus.
Behandlung: Beim Befall mit Nematoden kann man für das Fortleben der betroffenen Pflanzen keine gute Prognose aufstellen. Falls es möglich ist, sollte man Stecklinge sichern und die Pflanze über den Abfall entsorgen oder gar verbrennen.

Schildläuse (Überfamilie Coccoidea)
Schädling und Symptome: Es gibt mehrere Arten von Schildläusen, die sich in zwei Gruppen teilen, die Deckelschildläuse und die Napfschildläuse. Für Kakteen gefährlich sind die *Gemeine Napfschildlaus* und die *Halbkugelige Napfschildlaus*, die *Schwarze Napfschildlaus* und die *Kaktusschildlaus* (die, wie der Name schon sagt, am häufigsten auf Kakteen zu finden ist), die *Wollsack-Schildlaus* und die *Cochenille-Laus* (die einen Vorzug bietet, weil sie als Farbstofflieferant auf Opuntien genutzt wird; siehe Seite 16).

Alle Schildläuse stechen die befallene Pflanze an, saugen den Pflanzensaft und scheiden Honigtau aus. Dies hat wie bei der Blattlaus einen Rußpilz-Befall zur Folge. Anfänglich sind nur akut betroffene Stellen verpilzt, später breitet sich der Rußpilz durch Sporenverteilung über die ganze Pflanze aus.

Schildläuse sind deutlich sichtbar. Die Schädlinge kommen an vielen Kakteen (hauptsächlich an Blattkakteen und *Opuntia*-Arten) vor und schädigen diese ähnlich der Schmier- oder Blattlaus. Vor allem die Deckelschildlaus-Weibchen,

Ein Schildlausbefall ist nicht zu übersehen.

also die Muttertiere, sind für die Kakteen gefährlich. In ihrer Jugend bewegen sich die Weibchen noch, später setzen sie sich an der Pflanze fest und schützen sich durch ihren Panzer, den „Deckel", unter dem sich sämtliche Eier befinden. Beim Versuch, die Weibchen vom Pflanzenkörper abzunehmen, fallen alle Eier und die bereits geschlüpfte Lausbrut aus dem Panzer heraus und befallen weitere Pflanzenteile.
Behandlung: Man kann versuchen, mit einem in warmem Seifenwasser (Neudosan®) getränkten Lappen die Pflanze sauber zu wischen. Dabei sollte mit dem Tuch immer in eine Richtung gerieben werden, damit die Tierchen nicht verteilt werden und sich damit noch weiter ausbreiten. Der Fachhandel bietet Schlupfwespen als Nützlinge an, die meist gute Dienste leisten. Auch die bei Blattlausbefall wirksame und selbst herstellbare Sprühlösung (siehe Kasten) ist ein recht geeignetes Hilfs-

Unerwünschte Schädlinge und Krankheiten 57

mittel gegen die Schildlaus. Es empfiehlt sich, die Maßnahmen zu kombinieren.

Schmierläuse (Familie Pseudococcidae)
Schädling und Symptome: Schmierläuse bzw. Wollläuse sind vorzugsweise in den Wintermonaten häufig an Kakteen zu finden. Sie bilden am Pflanzenkörper weißliche bis graue Gespinste, die ein wenig an Zuckerwatte erinnern. Schmierläuse stechen den Kaktus an und saugen den Saft aus den Zellen. Die Schädlinge scheiden wie die Blattläuse Honigtau aus. Die Einstichstellen und Ausscheidungsorte entwickeln sich dann rasch zu von Rußtau befallenen Herden.
Behandlung: Die Schmierlaus schädigt die Kakteen wie die vergleichsweise leicht zu bezähmende Blattlaus. Eine Bekämpfung dieses Schädlings schien bislang fast aussichtslos. Einzig der Einsatz von systemischen Insektiziden oder von Paraffinmitteln gilt bisher als Erfolg versprechend.
Weitere Maßnahme: Unterstützend können Schlupfwespen (*Leptomastix*) und der Australische Marienkäfer (*Cryptolaemus montrouzieri*) als Nützlinge eingesetzt werden.

Trauermücken (Familie Sciaridae)
Schädling und Symptome: Die Larven der Trauermücke schädigen Aussaat und Kakteen-Sämlinge. *Sciara*-Fliegen sitzen im Substrat, fressen die Samenkörner an und höhlen diese aus. Ansonsten fressen die Schädlinge organische Abfallprodukte, wie abgestorbene Wurzeln und ähnliches.
Behandlung: Trauermücken lassen sich recht erfolgreich mit Gelbtafeln

Mein Tipp für Sie — Tipp

Sie können selber eine wirksame und **umweltverträgliche Lösung** herstellen. Mischen Sie etwa 70 % warmes Wasser mit 30 % Salatöl in einer Sprühflasche und geben Sie zum Schluss einen Spritzer Spülmittel dazu. Anschließend schütteln Sie die Flüssigkeit gut durch und sprühen die befallenen und mittlerweile ausgetopften Pflanzen ein. Isolieren Sie die kranken Pflanzen von den gesunden und platzieren Sie sie außerhalb der Sonne. Der anhaftende Ölfilm erstickt zwar wie gewünscht die gesamte Laus-Brut und -Population auf dem Gewächs, induziert aber auch bei Sonneneinstrahlung den sogenannten Lupen-Effekt. Das Öl würde das Sonnenlicht bündeln und die Pflanze Verbrennungen erleiden.

Das typische Schadbild der Spinnmilbe.

aus dem Gartenfachmarkt bekämpfen. Zusätzlich kann man Raubnematoden und die Raubmilbe als Nützlinge einsetzen.

Spinnmilben (Familie Tetranychidae)
Schädling und Symptome: Man kennt zwei Arten der Spinnmilbe, die echte und die falsche Spinnmilbe. Kakteen werden in der Hauptsache von der falschen Spinnmilbe (Rote Spinne) befallen. Beim Blick mit der Lupe sind rote, bis zu 0,5 mm große Punkte erkennbar. Die Schädlinge stechen die Triebe der Kakteen an und pumpen Luft in die Zellen. Betroffene Stellen verblassen mit der Zeit und färben sich weißlichgrau, gelblichbraun oder werden korkig.
Behandlung: Empfehlenswert ist eine Behandlung mit Neem-Präparaten.

> **Mein Tipp für Sie** — Tipp
> Die Spinnmilbe erträgt keine hohe **Luftfeuchtigkeit**. Um diese zu steigern, können Sie zum Beispiel für einige Zeit eine Plastiktüte über die befallene Pflanze stülpen.

Thripse (Blasenfüße, Ordnung Thysanoptera)
Schädling und Symptome: Thripse erzeugen ein ähnliches Schadbild wie Spinnmilben. Durch das Aussaugen des Pflanzensaftes und die anschließende Luftanfüllung einzelner Zellen des Kaktus wird der Pflanzenkörper nachhaltig geschädigt. Thripse benötigen zum Überleben eine recht niedrige Luftfeuchtigkeit.

Behandlung: Die Schädlinge können mit Gelbtafeln aus dem Gartenmarkt bekämpft werden.
Weitere Maßnahme: Eine Erhöhung der Luftfeuchtigkeit (siehe Spinnmilbe) sorgt dafür, dass die Schädlinge sich wenigstens nicht weiter ausbreiten. Einige Tiere werden absterben und man erreicht somit eine deutliche Befalldezimierung. Unterstützend kann die Raubnematode als Nützling eingesetzt werden.

Weichhautmilben (Steneotarsonemus laticeps)
Schädling und Symptome: Die kleinen und daher nur schwer erkennbaren Weichhautmilben sind mit den Spinnmilben verwandt. Weichhautmilben befallen vornehmlich jüngere Kakteentriebe, stechen diese an und saugen den enthaltenen Saft aus. Hat man es einmal gesehen, ist das Schadbild der Weichhautmilbe leicht zu erkennen. Befallene Pflanzen verkrüppeln an den von der Milbenart beschädigten Teilen.
Behandlung: Die Behandlung der Kakteen mit Neem-Präparaten kann hilfreich sein.
Weitere Maßnahme: Wie bei den Spinnmilben und Blasenfüßen kann die Luftfeuchtigkeit durch Überstülpen einer Plastiktüte künstlich erhöht werden. Das bekommt den Schädlingen nicht.

Wurzelläuse (Protrama flavescens)
Schädling und Symptome: Der Schädling Wurzellaus ist mit der Schmierlaus verwandt, aber nur schwierig auszumachen. Wurzelläuse befallen das Wurzelsystem und können äußerlich nur symptomatisch erahnt werden. Erst beim kompletten Austopfen des befallenen

Kaktus lässt sich die Diagnose sicher stellen. Am Wurzelwerk bilden sich weißliche, kokonartige Fadengebilde. Befallene Wurzelstränge werden mit der Zeit teilweise absterben und schlussendlich durch Schimmelpilzbefall verfaulen.
Behandlung: Beim Umtopfen sollte man die Wurzel auf Schädlinge gewissenhaft kontrollieren und bei Befall das Substrat und Wurzelwerk radikal entfernen. Am besten ist es, die Pflanze neu zu bewurzeln. Bei nicht ausgeprägtem Befall kann die Erde komplett entfernt, die Wurzel gesäubert und die Pflanze in frisches Substrat gesetzt werden.

„Kakteenschädling" Hauskatze
Wenn man als Kakteensammler auch noch eine Hauskatze hält, kann dies problematisch werden. Hauskatzen fressen mitunter leidenschaftlich gern und immer wieder Pflanzen z. B. der Gattungen *Schlumbergera*, *Hatiora*, *Aporocactus*, *Opuntia* und *Rhipsalis*. Besonders die neuen und frischen Triebe haben so gut wie keine Chance, sich zu entwickeln.
Die erwähnten Kakteen sind für die Tiere ungefährlich, so wie im Allgemeinen kein wirklich giftiger Kaktus bekannt ist. Allerdings ist es für den Pflanzenpfleger jedes Mal mit einem Schreck verbunden, wenn er wieder unschön zerfledderte und abgekaute Kakteen auf der Fensterbank entdeckt. Der katzenhafte Ideenreichtum ist unermesslich, wenn es darum geht, eine begehrte und offensichtlich wohlschmeckende Pflanze zu erreichen. Da hilft im Zweifelsfall nur eines: die Kakteen hoch oder gar in einen geschützten, „katzenfreien" Raum zu stellen.

Weitere Maßnahme: Unterstützend kann die Raubmilbe als Nützling eingesetzt werden.

Freilandschädlinge
Wenn Kakteen den Sommer über im Freien untergebracht werden oder bestimmte Exemplare als reine Freilandkakteen kultiviert werden, tritt naturgemäß auch eine Reihe von Schädlingen auf, mit denen wir uns im geschlossenen Raum nicht abplagen müssen. Zu diesen zählen:
- Ameisen
- Kellerasseln
- Hundertfüßler
- Ohrenkneifer
- Raupen
- Schnecken
- Springschwänze
- Tausendfüßler

Krankheiten

Pilze
Wird die Kakteensammlung oder die Aussaat einer permanent hohen Luftfeuchtigkeit ausgesetzt, so steigert dies die Gefahr eines Pilzbefalls enorm. Das Pilzgeflecht, das sogenannte Mycel, kann nur bei relativ hoher Luftfeuchtigkeit entstehen, sich ausbreiten und schließlich Fruchtkörper bilden. Werden die klimatischen Faktoren des Kakteenstandortes wenigstens annähernd den Bedürfnissen und Anforderungen der Pflanzen entsprechend eingestellt, so ist die Gefahr für eine Pilzerkrankung gering.

Schimmelpilz entsteht aber nicht nur spontan durch übermäßige Feuchtigkeit, sondern ebenso durch die oben dargestellten Schädlinge, die Pflanzen-

teile anstechen, aussaugen und Honigtau absondern. Die meisten der Kontaminationen mit Pilzen werden von den Sauginsekten übertragen. Hier hilft nur, die Kakteen konsequent zu überwachen und vorbeugende Maßnahmen gegen tierische Schädlinge zu ergreifen.
Aber auch bei aller Vorsicht kann es vorkommen, dass eine der Pflanzen oder die Aussaat von einem Pilz befallen wird. Diese können ausschließlich mit natürlichen oder chemischen Fungiziden (Anti-Pilzmittel) behandelt oder aus der Sammlung entfernt und vernichtet werden. Fungizide sind über die im Serviceteil aufgelisteten Bezugsquellen erhältlich. Dort bekommt man auch fachmännischen Rat, welches der verfügbaren Mittel am verträglichsten ist. Von Pilzen befallene Kakteen weisen faulige, matschige, schwammige, weiche, manchmal auch glasige Stellen auf und werden bräunlich bis dunkelbraun. Im Volksmund würde man sagen: sie faulen. Oftmals ist der typische schimmelige Belag, der sogenannte Pilzrasen, erkennbar.

Wenn man rechtzeitig entdeckt, dass eine Pflanze eine Pilzerkrankung aufweist, ist diese möglicherweise noch nicht sehr weit vorangeschritten. Weist der Kaktus zu Beginn des Befalls an nur wenigen Stellen Fäulnis auf, kann man unter Umständen die betroffene Region mit einem sauberen Messer großflächig ausschneiden. An einem isolierten Standort kann man hoffen, dass die beschädigte Pflanze verheilt und gesund weiter wächst. Ist die Erkrankung noch im Anfangsstadium, kann im Idealfall noch ein Ableger genommen oder der Pilz sogar komplett entfernt werden. Mit einer Pinzette und einem hartborstigen Pinselchen lassen sich kleinere Pilzherde zumeist recht mühelos entfernen.
Hat man einen Pilz auf einer Pflanze entdeckt, muss das betroffene Exemplar unverzüglich von den anderen Kakteen entfernt und in „Quarantäne" gebracht werden. Nur so verhindert man eine übergreifende Ausbreitung

Pilzinfektionen können einen Kaktus zerstören.

An Kakteen vorkommende Pilze
Gattungen:
Diplodia
Fusarium
Gleosporium
Phytium
Phytophtora
Sclerotium

Gruppen:
Rostpilze
Ruß(tau)pilze
Schimmelpilze
Vermehrungspilze

durch umherfliegende und für uns unsichtbare Sporen. Man sollte den Aufwand nicht scheuen, die Ursache des Befalls zu suchen und zu behandeln. Eine ausreichende Belüftung des Kakteenstandortes ist von enormer Wichtigkeit. Verpilzte Aussaaten sind zumeist nicht zu retten und sollten deshalb komplett verworfen werden.

Bakterien

Bakterielle Infektionen verursachen im Pflanzenreich ein ähnliches Schadbild wie Pilz- und Viruserkrankungen. Allerdings sind im Falle eines sowieso nur schwer nachweisbaren bakteriellen Infekts die Möglichkeiten der erfolgreichen Behandlung äußerst gering. Will man die Bakterien erfolgreich bekämpfen, hilft nur die Gabe von Antibiotika. Diese verteilen sich allerdings schlecht bis gar nicht im Gewebe eines Kaktus. Betroffene Pflanzen sollten dringend vom Rest der Sammlung isoliert und durch Verbrennung oder über den Hausmüll entsorgt werden.

Mykoplasmose

Auch die Mykoplasmen gehören zu den Bakterien. Diese kommen im Pflanzenreich ebenso vor wie bei Mensch und Tier. Auch Kaktusgewächse können von Mykoplasmen infiziert werden, jedoch ist bis heute zu dieser Krankheitsform im Kakteenreich nur wenig bekannt. Mutmaßungen zufolge sind Mykoplasmen möglicherweise für die Kammformen (Cristaten-Bildung) einiger Säulenkakteen und für monstrose Pflanzen verantwortlich, wofür es aber keine Belege gibt. Cristat- und Montrosus-Kakteen infizieren augenscheinlich andere Pflanzen nicht. So mancher

Ferocactus-Arten, hier *Ferocactus diguetii* var. *carmenensis*, werden leicht von Viren befallen.

Kakteenfreund und -sammler würde es sich wünschen.

Viren

In der Pflanzenwelt treten verschiedene Virustypen auf. Viruserkrankungen erzeugen – abgesehen von der Rasenbildung – ein analoges Schadbild wie es für den Pilzbefall typisch ist. Für Kakteen besonders gefährlich ist das sogenannte Cactus-X-Virus. Im Wesentlichen werden die Gattungen *Epiphyllum*, *Ferocactus*, *Hatiora*, *Opuntia* und *Schlumbergera* von Viren befallen, was nicht heißt, dass andere Gattungen grundsätzlich verschont blieben oder gar immun wären.

Befallene Kakteen müssen sofort entsorgt werden. Es empfiehlt sich, die Exemplare zu verbrennen. Um die Erreger nicht über die Sammlung zu verteilen, sollten man, während man mit viral infizierte Pflanzen hantiert, Einmallatexhandschuhe benutzt werden. Nur wenn die Diagnose absolut sicher ist und aus-

So pflegt man einen Kaktus

Nicht zu viel gießen, sonst reißt der Kakteenkörper ein!

geschlossen werden kann, dass ein ganzes Gewächs von einem Virus verseucht ist, kann unter Umständen als letzter Rettungsversuch unter Quarantänebedingungen und mit einem sterilen Messer versucht werden, jüngste Spross-Spitzen zu veredeln (siehe Seite 74).

Kulturfehler – was sonst noch passieren kann

Algen- und Moosbewuchs
Bilden sich Moose oder gar Algen auf der Oberfläche des Substrats, wird die Pflanze zu feucht gehalten. Dies kann gerade bei Arten der Gattungen *Hatiora*, *Rhipsalis*, *Schlumbergera* (Weihnachtskaktus) und ähnlichen Blatt- bzw. Gliederkakteen leicht passieren, da diese im Vergleich zu anderen Kak-

tusgewächsen relativ oft gegossen werden.

Aufplatzen oder Einreißen
Auch bei diesen Kulturfehlern wurde Wasser im Übermaß verabreicht. Wenn ein Kaktus zu häufig und/oder besonders reichlich gegossen wurde, kann es passieren, dass die wasserspeichernden Zellen übervoll sind. Das Gießen ist im Falle eines aufgeplatzten Kakteenkörpers unbedingt einzustellen, die Wunden des Kaktus dürfen nicht nass werden.

Ausbleiben der Blüte
Einige Kakteen blühen erst in fortgeschrittenem Alter, manche Arten bilden in Fensterbankkultur sogar niemals Flor aus. So muss das Ausbleiben von Blütenständen also nicht unbedingt die Folge eines Kulturfehlers sein. Treiben jedoch bei Exemplaren, die zuvor mit Blüten erfreuten, partout keine Knospen mehr aus, so kann dies diverse Ursachen haben, z. B. unzuträgliche Vegetationsverhältnisse, nicht eingehaltene Winterruhe oder Überdüngung.

Ändert man die Kulturbedingungen dementsprechend, wird man sich bald wieder an Blüten erfreuen.

Chlorose (Bleichsucht)
Die Chlorose wird durch Nährstoffmangel oder Kalküberschuss verursacht und zeigt sich zumeist durch unschöne, blasse Verfärbungen des Pflanzenkörpers. In diesem Fall weist das verwendete Substrat einen für den Kaktus unangemessenen pH-Wert auf. Es muss also überprüft werden, ob für die jeweilige Art die korrekte Erdmischung verwendet wurde, manchmal kann die

Kulturfehler – was sonst noch passieren kann

Gabe eines geeigneten Düngemittels Abhilfe schaffen. Empfehlenswert ist ein sofortiges Umtopfen in frisches und für die Pflanze geeignetes Substrat.

Etiolement (Vergeilen, Aufschießen)
Wenn die Triebe eines Kaktus über einen recht kurzen Zeitraum abgemagert in die Höhe schießen und eine blasse Färbung aufweisen, spricht man von der typischen Vergeilung. In diesem Fall versucht das Gewächs möglichst schnell in die Nähe des Sonnenlichts zu gelangen, denn es leidet unter längerfristigem Lichtmangel und/oder es wird zu feucht oder zu warm gehalten.

Frost- und Kälteschaden
Sinken die Temperaturen unter 15 °C verfärben sich einige Kakteen und werden sichtlich schlaff. Das hängt jedoch in erheblichem Maß von der jeweiligen Art und der Jahreszeit ab. Bei Temperaturen unter Null neigen viele Kakteen zum Platzen. Das liegt daran, dass die in der Zelle des Kaktuskörpers gespeicherte Flüssigkeit gefriert, sich ausdehnt und schließlich einreißt. Taut eine gefrorene und eingerissene Pflanze wieder auf, bietet die Wunde eine ideale Angriffsfläche für Pilze.

Hockenbleiben (Sitzenbleiben)
Bei falscher oder fehlender Behandlung kann es vorkommen, dass ein Kaktus das Wachstum einstellt. Das nennt man Hocken- oder Sitzenbleiben. Die Ursachen können in diesem Fall vielfältiger Natur sein, z. B. kann ein Licht- oder Wassermangel, ein Hitzestau, ein ungeeignetes Substrat oder Schädlingsbefall vorliegen. Man sollte sich genau informieren, welche Ansprüche der betroffene Kaktus stellt. Das kann über spezielle Literatur oder über ein Beratungsgespräch mit einem Kakteen-Fachhändler geschehen.

Knospenverlust
Verliert ein Kaktus seine Knospen und droht somit, nicht zur Blüte zu gelangen, leidet die Pflanze entweder unter Wassermangel oder sie wurde anhaltender Zugluft ausgesetzt. Manchmal verlieren Kakteen auch ihre Knospen, wenn sie gerade neu gekauft wurden. Das geht zumeist mit einem radikalen Standortwechsel einher, beispielsweise wenn die Pflanze vom Gewächshausklima der Gärtnerei auf die heimische Küchenfensterbank verfrachtet wird. Möglicherweise sind aber auch tierische Schädlinge die Ursache für den Verlust der Knospen.

Verbrennung
Werden Kakteen direkt nach der Winterruhe ungeschützt der aggressiven Frühjahrssonne ausgesetzt, kann dies Brandverletzungen verursachen. In diesem Fall weist der Kaktus Brandflecken auf und die Epidermis (Oberhaut) reißt ein. Das gleiche kann auch passieren, wenn ein gerade gekaufter Kaktus in einem Gewächshaus untergebracht wird. Die klimatische Veränderung und die Einwirkung des direkten Sonnenlichts können den möglicherweise noch schwachen oder verweichlicht gezogenen Pflanzen schwere Verbrennungen zufügen. Auch ein Besprühen von Kakteen während der Mittagshitze bewirkt zuweilen solche Schadbilder, da die am Pflanzenkörper anhaftenden Wassertropfen das grelle Sonnenlicht bündeln. Empfehlenswert ist bei einer vorliegen-

den Verbrennung eine vorübergehende kühle Lagerung des Kaktus, etwa über 2–3 Wochen, damit sich das Gewächs regenerieren kann. Die weitere Kultur sollte vorerst mit einem Sonnenschutz aus Seidentüchern, Vlies oder Zeitungspapier erfolgen.

Verkorkung

Ältere Kakteen weisen an der Basis ihrer Körper oftmals Verkorkungen und Verholzungen auf. Diese Veränderungen sind Teil des natürlichen Wachstumsprozesses und keine Folge von mangelnder Pflege oder von Schädlingen. Verkorken junge Triebe, so kann dies diverse Ursachen haben, die auf Kulturfehlern oder Erkrankungen beruhen. Möglicherweise liegt ein Schädlingsbefall vor oder der betroffene Kaktus leidet unter Nährstoffmangel oder unzureichender Frischluftzufuhr. Auch nach Verbrennungen können sich solche Verkorkungen einstellen. Die Pflanze sollte möglichst rasch gedüngt oder gar umgetopft und eine Weile unter Beobachtung gestellt werden. Idealerweise sollte der Kakteenfreund in Spezialliteratur nachschlagen oder sich beim Kakteen-Fachhändler erkundigen, ob die Kulturbedingungen den Ansprüchen des Gewächses entsprechen.

Mein Tipp für Sie — Tipp

Um Verletzungen zu vermeiden, sollten Sie während der Arbeit mit den dornigen Kakteen **Gärtnerhandschuhe** aus dickem Leder zu tragen. Kleinere Seitentriebe lassen sich manchmal sogar mit einer Pinzette halten. Besonders stachelige Exemplare kann man gut mit Styroporstreifen oder mehrlagigem Zeitungspapier fassen.

Der Steckling wird durch einen sauberen Schnitt abgetrennt (links) und kann nach 4–6 Wochen, wenn er Wurzeln gebildet hat (oben), eingepflanzt werden.

Die Vermehrungsmethoden

Vegetative Vermehrung

Unter der vegetativen (ungeschlechtlichen) Vermehrung versteht man die Vermehrung über Stecklinge und Kindel (Sprosse, Ableger), die von einer kräftigen Mutterpflanze gewonnen werden. Für die Stecklingsgewinnung werden ausreichend große Teile von bestehenden Trieben abgeschnitten, Kindel hingegen lassen sich zumeist mühelos von sprossenden Kakteen abnehmen.

Stecklingsvermehrung

Um einen Steckling möglichst erfolgreich und sachgerecht von der Mutterpflanze abzutrennen, benötigt man ein sauberes, scharfes und möglichst dünnschneidiges Messer. Dieses sollte man vorher mit Ethanol-Lösung reinigen. Bei Seitensprossen bildenden Kakteen wird ein Trieb von etwa 5–10 cm Länge abgeschnitten. Eintriebig wachsende Kakteen, z. B. Säulenkakteen, werden vorzugsweise in der Mitte geteilt. Man wählt deshalb die Mitte, weil oben liegende und damit jüngere Partien des Gewächses eventuell noch nicht kräftig genug sind und deshalb als Steckling an der Schnittstelle leicht faulen können. Der untere, ältere oder älteste Teil der Pflanze ist zumeist kaum noch in der Lage, Wurzeln zu treiben.

Ein Steckling sollte möglichst an der Schnittstelle konisch zugeschnitten werden. Das geschieht, indem man jede einzelne Rippe in Richtung des Kaktuskerns schräg anschneidet, sodass der untere Teil des Triebstücks nachher einen geringeren Umfang aufweist als der Rest des Stecklings. Diese Maßnahme verhindert, dass das Fleisch des Kaktus sich beim Austrocknen nach innen zurückzieht und die Rinde nach außen übersteht. Um ein adäquates Weiterwachsen der so vermehrten Pflanze zu gewährleisten, sollte darauf geachtet werden, das ringförmige Leitbündel nicht zu verletzen. Die nun innerhalb einiger Wochen entstehenden Wurzeln werden gerade und sauber nach unten wachsen, wenn man den Steckling gerade lagert. Damit die neuen Wurzelfasern des Kaktus sich auch wirklich gerade ausbilden, muss der Steckling so gestellt werden, wie er nachher weiter wachsen wird. Legen wir ihn einfach auf die Seite, werden die Wurzeln an der nach unten weisenden Stelle austreten, also seitlich. In einem leeren Blumentopf oder in einem Glas hat man die Möglichkeit, den Steckling (angelehnt) aufrecht unterzubringen und somit die korrekte Wuchsrichtung zu bestimmen.

Bewurzeln

Zum Bewurzeln bieten sich prinzipiell zwei Möglichkeiten:
- Man lässt die Schnittstelle trocknen und topft den Steckling dann direkt in das Kakteensubstrat. Hier besteht allerdings die Gefahr, dass der Schnitt unter der angetrockneten Epidermis noch feucht ist und die Pflanze an dieser Stelle im Topf allmählich und für den Kakteenfreund unsichtbar fault.
- Man wartet, bis sich neue Wurzelfaserchen gebildet haben. Das kann zwar, je nach Art, bis zu sieben Wochen dauern. Doch ist dies ist die sicherere Methode.

Einige Arten, z. B. *Astrophytum*-Arten, müssen in einer speziellen Art bewurzelt werden. Nachdem die Schnittstelle eines solchen Stecklings ausgetrocknet ist, setzt man diesen auf mineralisches, trockenes Substrat (beispielsweise auf ein Sand-Erde-Gemisch). Hier bildet er dann innerhalb weniger Wochen neue Wurzeln. Erst dann wird die Pflanze in ihr jeweils benötigtes Substrat getopft.

Kindel-Vermehrung

Die Vermehrung über Kindel, also über einen Ableger, ist ein wenig unkomplizierter. Je nach Beschaffenheit und Festigkeit des Kaktus kann ein Kindel im günstigsten Fall einfach abgedreht werden. Manche Ableger bilden sogar an der Mutterpflanze schon ein eigenes Wurzelsystem aus. Beginnt das Wachstum eines Ablegers im Substrat, genügt oftmals das Austopfen, um an solche Kindel zu gelangen. In jedem anderen Fall lässt sich der Spross mit einem sauberen und scharfen Messer leicht abnehmen. Ist das Kindel gewonnen, wird es behandelt wie ein Steckling. Um eventuell vorhandene Riss- oder Schnittstellen auszutrocknen, wird es aufrecht abgestützt und luftig für einige Wochen abgestellt. Nach dem Verheilen der Wunde lassen wir dem Spross Zeit, neue Wurzeln zu schlagen (falls diese nicht bereits vorhanden sind) und setzen ihn anschließend in den Topf.

Rettung kranker Pflanzen

Die Praxis der Stecklingsgewinnung ist besonders nützlich, wenn ein Kaktus krank oder beschädigt ist. Hat man beispielsweise eine Pflanze, die von unten her fault oder an einer beliebigen Stelle des Körpers schwerwiegende Verwundungen aufweist, so kann man nach der oben beschriebenen Methode ein Stück eines gesunden Triebes abschneiden und bewurzeln. Damit rettet man die Pflanze, weil dieser gewonnene Steckling sich nach einiger Zeit zu einem gesunden und eigenständigen Kaktus entwickeln wird, der der kranken und möglicherweise zum Tode verurteilten Mutterpflanze entspricht und damit seinerseits später wieder vegetativ vermehrt werden kann. Es ist also nicht immer unbedingt nötig, ein erkranktes Gewächs zu entsorgen. Das ist besonders dann von erheblichem Vorteil, wenn es sich bei dem Exemplar um einen seltenen oder teuren Kaktus handelt oder wenn dieser vielleicht sogar das Ergebnis eigener Zuchtbemühungen ist.

Generative Vermehrung

Unter der generativen Vermehrung versteht man die Anzucht von Pflanzen aus Samen, also die Kultivierung einer weiteren Generation. Bevor man mit der Anzucht beginnt, sollte man sich alles Benötigte bereitlegen.

Die Samen
Kakteensamen können gekauft oder von fortgeschrittenen Kaktuspflegern nach der Fruchtreife einer Pflanze selbst gewonnen werden.

Samen kaufen
Es gibt mittlerweile in fast jedem Supermarkt und in so gut wie jeder Gärtnerei Kakteensamen. Allerdings handelt es sich bei diesen Mischungen zumeist um Samenabfälle aus großen Pflanzenproduktionen. Es ist also nie vorhersehbar, welche Kakteen-Arten sich aus einem ausgesäten Korn entwickeln wird. Da es manchmal Wochen bis Monate dauert, bis ein Kaktus definitiv identifiziert werden kann, weiß der Kakteenfreund bei solchen Mischungen in der ersten Zeit nicht, mit welchen Pflanzen er es zu tun hat. Nur das sehr geschulte und über Jahre erfahrene Auge ist in der Lage, einige Arten schon direkt nach dem Auflaufen (Keimen) zu erkennen.

Besser ist es, das Samenmaterial einer gewünschten Art oder Sorte gezielt über eine Kakteen-Fachgärtnereien zu beziehen. Nützliche Bezugs-Adressen finden sich im Serviceteil dieses Buches oder im Internet.

Samen ernten
Wer bereits eine Kakteensammlung hat, kann natürlich auch selbst Samen ernten. Nach der Blüte bildet der Kaktus eine Frucht. Kommt diese zur Reife, kann man sich in den meisten Fällen schon auf eine baldige Samenernte freuen.

Nach dem Verwelken der Blüte bildet sich die Frucht des Kaktus aus. Diese muss für einige Zeit reifen. Während des Reifungsprozesses, indem die Frucht immer praller und saftiger wird, entwickelt sich in ihrem Inneren der Samen. Im Frühstadium ist dieser blass und noch nicht keimfähig. Hat die

> **Mein Tipp für Sie** — **Tipp**
> Eine interessante Alternative zur **Samenbeschaffung** bietet das Obst von essbaren Kakteen. Manche Supermärkte bieten saisonal *Opuntia*- (Kaktusfeigen) und *Hylocereus*-Früchte (Pitahaya) an. Diese enthalten nicht nur das leckere Fruchtfleisch, sondern auch die außerordentlich harten und nicht gerade zahnfreundlichen Samen. Diese können Sie mithilfe von warmem Wasser und einfachen Küchentüchern säubern und zur Anzucht von neuen Pflanzen nutzten. Allerdings gelingt dies nicht immer.

> **Materialien für die Vermehrung aus Samen**
> - Samen
> - Gefäße (Topf oder Zimmergewächshäuschen)
> - Substrat
> - Pinzette
> - Pikiergabel
> - eine saubere Unterlage

Ein Kaktus der Gattung *Ferocatus*.

Frucht aber die volle Reife entfaltet, bricht sie zumeist auf und der Samen kann entnommen werden. Manchmal öffnet sich die Frucht auch nicht direkt von selbst. In diesem Fall kann durch vorsichtiges Besprühen und mit einem kleinen, scharfen Messer nachgeholfen werden. Nachdem der Samen von der Pflanze abgegeben wurde, sollte die verwelkte Blüte mitsamt der nun schrumpelnden Frucht abgenommen werden, da sich hier schnell Schimmelpilzkulturen bilden.

Reinigung des Samens

Chemisches Beizen des Samens
Oft wird empfohlen, den Samen vor der Aussaat zu beizen, eine Maßnahme, die das Saatgut vor dem Verfaulen und Schimmelbefall schützt. Ein entsprechendes Beizmittel gibt es in jedem Gartenmarkt. Diese chemischen Beizmittel sind giftig, sie reizen die Haut und dürfen keinesfalls in die Augen geraten. Wenn man Beize verwendet, sollte man sich unbedingt mit Latexhandschuhen oder ähnlichem vor

Mein Tipp für Sie   **Tipp**

Ein echter Geheimtipp für die Kakteen-Aussaat ist die Verwendung von **Katzenstreu** als Anzuchtsubstrat. Im Handel ist eine Katzen-Einstreu aus hundertprozentigem Sepiolith (Meerschaum) erhältlich, zum Beispiel die Katzenstreu THOMAS® von der Firma Effem. Die meisten der ausgesäten Samen, z. B. *Astrophytum asterias* und *Astrophytum myriostigma*, *Trichocereus peruvianus*, diverse *Turbinicarpus*-Arten und andere, keimen schneller als solche, die auf einfachem Anzuchtsubstrat für Kakteen ausgebracht wurden. Der Kakteensamen wird direkt auf eine 1–2 cm dicke und bereits angefeuchtete Sepiolith-Schicht gegeben und am besten mit einer Sprühflasche gut feucht gehalten.

der hautreizenden Wirkung des chemischen Beizmittels schützen.

Die geernteten Samen werden in einer kleinen verschließbaren Plastiktüte oder einer leeren Samentüte untergebracht. Dann geben wir eine minimale Prise des Beizmittels mit in das Tütchen und schütteln das Ganze gut durch. Mithilfe eines feinen Siebes entfernen wir anschließend die überschüssige Beize.

Säubern des Samens von Hand und ohne Chemie
Wenn man auf das chemische Beizen verzichten will, muss man den selbst geernteten Samen auf andere Weise gewissenhaft säubern. Zu diesem Zweck wäscht man die Körner mit klarem, warmem Wasser und entfernt mit den Fingernägeln vorsichtig das noch anhaftende Fruchtfleisch. Die Samen müssen im Anschluss und vor der Aussaat komplett abtrocknen, da sie sonst zum Schimmeln neigen. Um die Körner zu trocknen, bringt man sie am besten auf grobes Tageszeitungspapier, da die einzelnen Samen auf einem Glasuntergrund, auf Kunststoff oder auf lackierten Holzoberflächen häufig festkleben.

Die Gefäße

Welches Gefäß nehme ich für die Aussaat?
Als passendes Gefäß für die Aussaat bietet sich ein kleines und günstig zu erwerbendes Zimmergewächshaus an. Kleine Töpfchen oder die beliebten Jiffys (fertige Anzuchtgefäße aus Erde) sind zwar auch verwendbar, ein Zimmergewächshaus bietet sich aus praktischen Gründen aber eher an. Mit diesem hat man nicht eine Vielzahl von Einzeltöpfen, sondern ein einziges transportables Gefäß.

Bringt man gleich mehrere Arten aus, empfiehlt es sich, jeder Art einen separaten und abgesteckten Abschnitt zuzuweisen. Jeder Abschnitt kann dann beispielsweise mit einer kleinen Kennzeichnungstafel aus dem Gartenmarkt beschriftet werden. Damit erspart man sich später die mühsame Identifikation der Pflanzen.

Die von den Kakteensamen benötigte erhöhte Luftfeuchtigkeit wird mit einem lichtdurchlässigen Deckel gewährleistet. Im Handel sind Zimmergewächshäuser erhältlich, die Abdeckungen mit verschließbaren Luftschlitzen besitzen. Diese sind für diese Zwecke geradezu perfekt.

Die Vorbereitung des Gefäßes
In den Boden des Gewächshauses werden einige Löcher gebohrt, etwa 8–10

Mit ein paar Tricks gelingt die Kakteenaussaat: Vor der Aussaat sollte das Substrat gut befeuchtet werden (1). Die eigentliche Aussaat erfolgt am besten mittels eines geknickten Papiers (2). Die Aussaat wird leicht angedrückt (3) und anschließend abgedeckt (4).

Stück von jeweils ungefähr 10–15 mm Durchmesser. Hierfür verwendet man am besten einen Handbohrer, denn mit einem elektronischen Bohrgerät zerstört man schnell den recht dünnen und empfindlichen Plastikboden des Gewächshauses. Diese Löcher dienen der Bewässerung. Die Saat kann auch von oben mithilfe einer Sprühflasche oder einer Gießkanne gegossen werden, besser ist allerdings eine Bewässerung von unten her. Das mit Bodenlöchern versehene Treibhäuschen stellt man dann in eine große und geeignete Unterschale (z. B. in eine Badewanne), in die nachher das Gießwasser gegossen wird. So kann sich das Substrat in Ruhe vollsaugen, und die Samenkörner werden nicht mit einem Wasserstrahl durcheinander gespült.

Es ist auf alle Fälle sinnvoll, zusätzlich eine Wärmequelle unter dem

Anzuchthäuschen anzubringen. Der Fachhandel hält fertige Zimmergewächshäuser mit Heizvorrichtung bereit. Preisgünstigere Varianten sind eine Heizmatte oder eine dicke Styropor-Platte, die unter das Anzuchthäuschen gelegt werden können.

In das Gewächshaus (oder anderenfalls in die zur Aussaat benutzten Töpfchen) bringt man eine Dränage-Schicht ein. Diese kann aus Tonscherben und/oder grobkörnigem Kies bestehen und gewährleistet einen Schutz vor sich stauender Nässe im Substrat. Auf diese Dränage schüttet man eine relativ dünne Schicht Kakteenerde oder ein Mischsubstrat. In aller Regel ist eine etwa 1 cm dicke Schicht Substrat vollkommen ausreichend. Es ist nicht erforderlich, eine 5 cm dicke Erdschicht im Gewächshäuschen unterzubringen, denn die Keimlinge haben nur sehr feine und kurze Wurzeln und werden einige Zeit nach dem Auflaufen sowieso pikiert, also vereinzelt. In aller Regel ist eine etwa 1 cm dicke Schicht Substrat vollkommen ausreichend.

Das richtige Substrat
Für die Wahl des Anzuchtsubstrats gibt es verschiedene Möglichkeiten. Je nach Art kann einfache Aussaaterde, handelsübliche Kakteenerde, Quartz-Sand oder Kokosfaser verwendet werden. Auch ganz anderes Material, z. B. Katzenstreu (siehe Seite 69), kann ausprobiert werden.

Die im Gartenfachhandel erhältliche spezielle Kakteenerde ist für die Aussaat durchaus geeignet. Diese hat einen pH-Wert (Säurewert) zwischen 5,5 und 6,5. Das ist der Idealwert für die meisten Kakteen. Aufgrund der ausgewogenen Nährstoffmischung und der geringen Kalkkonzentration ist diese Fertigerde für den Anfänger gut geeignet, auch wenn einige Arten (z. B. *Gymnocalycium*) eher etwas saueres Substrat (pH-Wert etwa 4,5–5) bevorzugen. Manche Kakteen, beispielsweise *Astrophytum*, *Ferocactus* und *Lophophora*, vertragen den relativ hohen Humusanteil in der gekauften Kakteenerde allerdings nicht besonders gut.

Ebenfalls im Angebot der Gartencenter ist ein Substrat aus Kokosfasern (z. B. KoKo-Hum®), das für die Anzucht aus Samen auch recht brauchbar ist. Diese gepressten Kokosbriketts werden vor dem Gebrauch mit Wasser aufgelöst und ersetzen auf recht passable Weise die gängigen Erdmischungen. Um schon den Bedürfnissen eines Sämlings gerecht werden zu können, lohnt es sich, spezifische Literatur zum jeweiligen Kaktus zu konsultieren. So können die individuellen Anforderungen eines jeden Kakteengewächses berücksichtigt und die entstehenden Pflanzen von Anfang an erfolgreich kultiviert werden.

Anfeuchten des Substrats
Wenn man in den Boden des Zimmergewächshauses Löcher gebohrt hat, kann man einfach etwas Regenwasser oder abgekochtes und ausgekühltes Leitungswasser in die Unterschale des Gewächshauses gießen. Das Substrat saugt sich nun ganz von selbst voll. Erst wenn es vollständig durchfeuchtet ist, nimmt man das Gewächshaus aus der Unterschale.

Da die Samen sich noch nicht auf dem Substrat befinden, kann man ebenso gut noch ein letztes Mal mit einer Gießkanne von oben wässern. Um ein Aufschwemmen der Erde zu verhindern, empfiehlt es sich, eine möglichst große Brause-Tülle zu benutzen. Das Substrat sollte vor der Aussaat gänzlich von leichter Feuchtigkeit durchdrungen sein.

Die eigentliche Aussaat

Da Kakteensaatgut, von einigen Ausnahmen abgesehen, aus recht kleinen Körnern besteht, sollte es direkt aus der Packung gegeben oder mittels eines geknickten Papiers auf die vorbereitete Erde gebracht werden. Dabei werden die Samen im Gegensatz zu vielen anderen Pflanzenaussaaten nicht vollständig mit Substrat bedeckt, sondern nur leicht auf diesem angedrückt. Eine hauchdünne Schicht Sand schützt die Körner vor Schimmelpilzbefall. Wenn man die Erde im Voraus durchfeuchtet, erübrigt sich auch das Angießen.

Während des gesamten Keimungsprozesses darf das Substrat **nicht austrocknen**! Daher sollte man stets die Feuchtigkeit der Erde im Blick haben und bei Bedarf erneut vorsichtig wässern! Nach der Keimung der Samen benötigen diese ebenfalls weiterhin einen konstanten Feuchtigkeitspegel. Um die entstehenden Kakteen nicht zu verweichlichen, vermindert man die Wassergaben erst, wenn die Keimlinge eine sichtbare Robustheit aufweisen.

Wichtig ist zudem eine ausreichende **Belüftung** der Aussaat. Man sollte ab und zu den Deckel des Gewächshäuschens abnehmen bzw. dessen Schlitze öffnen und gut lüften. Eine gewissenhafte Kontrolle auf eventuelle Schimmelbildung schützt vor bösen Überraschungen. Hat sich ein Pilzbefall eingestellt, kann man gegebenenfalls versuchen, diesen zu entfernen. Im Zweifelsfall muss man die Aussaat aber lieber verwerfen.

Das Zimmergewächshaus oder unsere Keimtöpfe müssen zudem in der Nähe einer **Lichtquelle** untergebracht werden. Der Einfluss von indirektem Sonnenlicht animiert das Saatgut zum raschen Keimen, die direkte Sonne hingegen ist für die meist noch recht schwachen Samen meist unverträglich. Bietet sich in einer Wohnung kein heller Standort für die Aussaat an, kann man mit künstlichem Licht Abhilfe schaffen, beispielsweise mit einer oder mehreren Lampen. Besonders vorteilhaft ist, für die Anzuchtstation einen ein Standort zu wählen, der beide Beleuchtungsmöglichkeiten bietet.

Anzucht in der Plastiktüte

Ein anderes Verfahren der Aussaat, das dem Kakteenfreund Arbeit abnehmen soll, funktioniert wie folgt: Der Kaktus-

Mein Tipp für Sie — Tipp

Eine einfache **Pikiergabel** können Sie sich aus einem Eisstiel ohne Mühe selbst basteln. Dafür kerben Sie den Holzstiel an einem Ende mit einer scharfen Schere oder einem Messer ein, sodass er aussieht wie eine gespaltene Schlangenzunge. Die dadurch entstehenden spitzen Ecken sollten nach Möglichkeit abgestumpft werden, um eventuelle Verletzungen der Gewächse auszuschließen. Die konisch geschnittene Kerbe ermöglicht ein optimales Greifen von Kakteenkeimlingen.

Pachycereus pecten-aboriginum.

Samen wird in eine flache, relativ kleine Schale auf ein humusfreies Substrat gegeben. Nun stellt man die Aussaatschale in ein spezielles Wasser, das man vorher mit Volldüngerlösung (0,5 g pro l Wasser) und einem pilzhemmenden Mittel (z. B. Aathiram®) versetzt hat. Wenn das Substrat vollständig durchfeuchtet ist, lässt man überschüssiges Wasser ablaufen. Die Schale wird nun in eine Plastiktüte gestellt. Um die Aussaat beobachten zu können, sollte am besten eine durchsichtige Tüte verwendet werden. Diese muss nun komplett luftdicht verschlossen werden und anschließend an einen hellen, aber nicht vollsonnigen Platz verbracht werden. Die Temperatur sollte bei etwa 20–30 °C liegen. Die Tüte kann nun am gewählten Ort bleiben, bis die Sämlinge pikierbar sind.

Abhärten und Pikieren

Wenn der Samen erfolgreich gekeimt und robust ist, kann der Sämling nach einigen Tagen abgehärtet werden. Unter der **Abhärtung** versteht man das Umsetzen des Sämlings in einen anderen Topf oder ein anderes Gefäß. Dabei nimmt man, z. B. mithilfe eines Teelöffels, das Babypflänzchen aus der Anzuchterde, ohne die winzige und empfindliche Wurzelfaser des jungen Gewächses zu verletzen. Es empfiehlt sich, nicht zu versuchen, den Sämling von der Erde zu befreien, sondern diesen in einem Löffel voll Anzuchtsubstrat abzuhärten. Der kleine Sämling wird dazu samt des umgebenden Substrats aus dem Zimmergewächshaus genommen und in ein anderes Gefäß getopft. Der kleine Kaktus wird durch diese Maßnahme und dem damit verbundenen Umgebungswechsel dem Mikroklima des Zimmergewächshauses entrissen und muss sich in der „normalen" Umgebung behaupten. Dadurch gewinnt er an Resistenz und Kraft, er härtet also ab. Dieses Abhärten ist im Grunde eine Vorstufe des Pikierens.

Wenn sich aus den Keimlingen dann nach etwa 2–3 Monaten richtige kleine Kakteen gebildet haben, wird es Zeit, die Pflänzchen zu **pikieren**, also zu vereinzeln. Zu diesem Zweck muss das Substrat um die Kakteen zunächst ein wenig gelockert werden. Das kann z. B. mit einem Stift oder auch mit den Fingernägeln geschehen. Mit einer Pikiergabel und/oder einer Pinzette können die einzelnen kleinen Kakteen vorsichtig genommen und in separate Töpfe gesetzt werden. Dabei sollte zwischen den einzelnen Pflänzchen etwa 2–3 cm Platz gelassen werden, damit sich die einzelnen Gewächse optimal entfalten können. So passen in einen Topf von 8 cm Durchmesser gut 4–5 Baby-Kakteen.

Das Umtopfen
Wenn die Kakteen allmählich an Umfang zunehmen und sich auch das Wurzelwerk auszubreiten beginnt, ist die Zeit für das endgültige Umtopfen gekommen. Nun sollte jeder Kaktus in einen eigenen Topf gesetzt werden. Benutzt man größeres Topfmaterial können aber durchaus auch mehrere Kakteen mit gleichen Kulturbedürfnissen zusammen untergebracht sein.

Verbesserung des Sämlingswachstums
Berichten zufolge wachsen *Trichocereus*-Sämlinge, die nach einer Wachstumsphase von wenigen Zentimetern halbiert werden, wesentlich schneller als nicht abgeschnittene. Die so behandelten Pflanzen bilden außerdem deutlich mehr Triebe. Auch bei zahlreichen anderen Sämlingen, z. B. *Cereus*-Arten, *Myrtillocactus geometrizans*, *Backebergia militaris*, *Pachycereus*-Arten und sogar *Lophophora williamsii* und *Astrophytum*-Arten, konnte durch die Halbierung bei einer ungefähren Sämlingshöhe von 3–4 cm der Wuchs optimiert werden. Warum diese Maßnahme bei manchen Arten wuchsfördernd wirkt, ist völlig ungeklärt, leider überleben manche Exemplare diese auch nicht.

Kein großes Geheimnis: Die Veredelung (Pfropfung)

Das sogenannte Pfropfen oder Veredeln von Triebstücken ist eine weitere Methode der Stecklings-Vermehrung, aber auch eine Maßnahme, die ein sicheres Wachstum so mancher eher heiklen Art gewährleistet. Vereinfacht ausgedrückt bedeutet die Veredelung das Aufsetzen eines Kakteenstecklings auf einen anderen, robusteren Kaktus. Ziel des

Pfropfens ist, beide Pflanzen miteinander verwachsen zu lassen, sodass der veredelte Trieb wesentlich schneller wächst als im natürlichen, wurzelechten Zustand. Langsamwüchsige Kakteen, wie beispielsweise *Lophophora williamsii*, wachsen auf eine *Trichocereus*-Art gepfropft um ein Vielfaches schneller, sicherer und anspruchsloser als auf der eigenen Wurzel.

Man kann drei grundlegende Methoden der Kaktusveredelung unterscheiden:
- die Flachpfropfung
- die Spaltpfropfung
- die Seitenpfropfung

Die Flachpfropfung

Die Flachpfropfung ist die klassische und am häufigsten angewendete Veredelungsmethode. Kugel-, Warzen- und Scheibenkakteen und andere werden vornehmlich auf säulige Kakteen gepfropft.

Der Pröpfling

Ein zu veredelndes **Pfropfreis**, auch Pfröpfling oder Reis genannt, ist im Grunde ein Steckling und wird so geschnitten, wie es im Abschnitt „Stecklingsvermehrung" beschrieben wurde (siehe Seite 65). Möchte man einen noch jungen Kaktus veredeln, damit er schneller wächst, so wird der Pfröpfling möglichst in Nähe der Basis abgeschnitten. Soll aber mit der Pfropfung ein älterer, z. B. ein kranker Kaktus gerettet werden, so schneidet man das Pfropfreis von einen noch gesunden Trieb – die Lage spielt in diesem Fall keine Rolle. Die Rippen des Pfropfreises werden, wie von der Stecklingsgewinnung bekannt, abgekantet, die Schnittstelle jedoch nicht ausgetrocknet, da diese mit der Pfropfunterlage verwachsen soll. Um einer eventuellen Fäulnis vorzubeugen, empfiehlt es sich, den Schnitt des Reis Holzkohlepulver aus dem Fachhandel zu pudern.

Die Unterlage

Als **Pfropfstrunk** (Pfropfunterlage) können alle Säulenkakteen ohne Seitentriebe verwendet werden. Besonders geeignet sind natürlich die eher dornenlosen Arten, die ein einfaches Handling garantieren. *Myrtillocactus geometrizans* und *Trichocereus pachanoi* sind beispielsweise Kakteen, die eine erfolgreiche Veredelung möglich machen. Diese bieten aufgrund ihres recht weiten Durchmessers, den relativ wenigen Dornen und ihrer nicht übermäßigen, aber doch konstanten und zuverlässigen Wuchsfreudigkeit eine solide Grundlage für die zu pfropfende Pflanze.

Es können jedoch auch andere Säulenkakteen und weitere *Trichocereus*-Arten benutzt werden, beispielsweise *Trichocereus peruvianus* oder *Trichocereus spachianus*. Einziger Nachteil mancher *Trichocereus*-Arten ist deren ausgesprochene Glitschigkeit, die das Befestigen des Pfröpflings zuweilen erschweren kann. Ist diese Klippe aber einmal umschifft, sind gerade die Pflanzen dieser Gattung ein idealer Partner und Wachstumsbeschleuniger für den gepfropften Kaktus.

Größere Exemplare der Gattung *Opuntia* (Feigenkaktus) oder die zum Veredeln beliebten *Hylocereus*-Arten können ebenfalls als Pfropfstrunk verwendet werden.

So ist der Erdbeerkaktus (*Gymnocalycium mihanovichii* var. *friedrichii* f. 'Rubra'), der in so gut wie jedem floristischen Geschäft erhältlich ist, zumeist auf *Hylocereus trigonus* oder *Hylocereus undatus* gesetzt. *Hylocereus* jedoch ist besonders schnellwüchsig und verlangt relativ tropische Vegetationsverhältnisse, weshalb er für Arten mit andersartigen Ansprüchen weniger geeignet ist. Zu diesen Arten gehören unter anderem *Ariocarpus* und *Astrophytum*. Auf *Hylocereus* gepfropfte Astrophyten, z. B. Bischofsmützen, gibt es häufig in Gärtnereien. Da diese aber wurzelecht zumeist sehr gut gedeihen, sollte ein solcher Pfröpfling umgehend vom Strunk entfernt, bewurzelt und eigenständig weiterkultiviert werden.

Pfropfen Schritt-für-Schritt

Die zukünftige **Pfropfunterlage** wird an einer dicken Stelle und nach Möglichkeit mindestens 10 cm über der Basis sauber und gerade abgeschnitten. Der auf diese Weise entfernte obere Teil ist selbstverständlich nicht verloren: Er kann als Steckling bewurzelt und weiterkultiviert werden. Anschließend muss die Schnittstelle an jeder Rippe abgekantet werden (wie bei der Stecklingsgewinnung), sodass der Durchmesser des Strunks in etwa dem des Pfröpflings entspricht. Dieses Abkanten verhindert, dass die Rinde der Unterlage nach oben hin aushärtet und unser Pfropfreis später einengt oder verletzt.

Der **Pfröpfling** wird nun unter einer Drehbewegung vorsichtig, aber doch fest auf den Strunk gesetzt. Dabei ist darauf zu achten, dass sich die ringförmigen Leitbündel an mindestens einer Stelle berühren. Ist dies nicht der Fall, werden die Kakteen nicht als Einheit miteinander verwachsen – die Pfropfung wäre sinnlos. Die Drehung des Pfröpflings verhindert, dass sich zwischen den Schnittstellen Luftbläschen bilden, die im Nachhinein eine Angriffsfläche für Pilzerkrankungen und Keimbefall darstellen können. Um die Flachpfropfung abzuschließen, fixiert man Unterlage und Reis vorsichtig mit zwei Gummiringen. Diese dürfen allerdings der Stabilität wegen weder zu locker sitzen noch zu fest angebracht sein, da sonst der Pfröpfling entweder zerdrückt wird oder seitlich abzurutschen droht.

Die Spaltpfropfung

Glieder- und Blattkakteen sind für eine flache, wie oben dargestellte Veredelung ungeeignet. Die blattartigen Triebe lassen sich nicht aufdrücken und fixieren, wie z. B. *Mammillaria*-, *Lophophora*- oder *Ariocarpus*-Arten. Um buschige Epiphyten, beispielsweise *Hatiora*, *Schlumbergera*, *Pereskia*, *Rhipsalis* und andere Vertreter einer Pfropfung zu unterziehen, werden deren Triebe sauber am Blattknoten abgeschnitten. Das Pfropfreis kann aus einem Stück von bis zu drei Blättern oder Gliedern bestehen. Mit einem scharfen Messer wird nun die Schnittstelle keilförmig zugespitzt. Die Kunst bei diesem Vorgang ist, das winzige Leitbündel nicht zu verletzen.

Als Pfropfstrunk für diese Methode wählen wir einen schlanktriebigen, recht schnellwüchsigen Kaktus mit wenigen Dornen aus, z. B. *Opuntia subulata*.

Die Veredelung 77

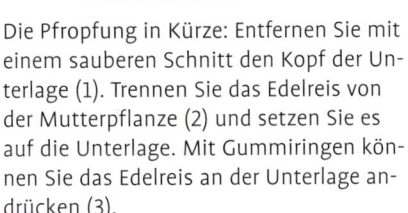

Die Pfropfung in Kürze: Entfernen Sie mit einem sauberen Schnitt den Kopf der Unterlage (1). Trennen Sie das Edelreis von der Mutterpflanze (2) und setzen Sie es auf die Unterlage. Mit Gummiringen können Sie das Edelreis an der Unterlage andrücken (3).

Anstatt den Pfropfstrunk einfach zu köpfen und das Reis auf diesen aufzusetzen (was sehr schwierig wäre), schneidet man mitten durch das Leitbündel des Strunks eine Kerbe (also durch den Ring in der Mitte). In diese Kerbe steckt man den Pfröpfling bis zum Anschlag. Man sollte darauf achten, die Leitbündel beider Pflanzen so genau wie möglich zu vereinigen. Dieses Konstrukt wird nun mit 1–2 Nadeln oder Kakteendornen fixiert und idealerweise noch mit einer Schnur gefestigt. Nach einigen Wochen sind beide Pflanzen miteinander verwachsen und die Befestigung kann entfernt werden.

> **Die Fruchtbarkeit von Kakteen**
> In der Pflanzenwelt gibt es sogenannte selbststerile (selbst unfruchtbare) und selbstfertile (selbst fruchtbare) Pflanzen. Zu den selbstfertilen Kakteen gehören zum Beispiel *Lophophora williamsii* und *Epithelantha micromeris*. Innerhalb dieser Gruppe gibt es die kleistogamischen Kakteen. Diese bestäuben sich selbst in der Blüte und blühen dann nicht mehr. Kleistogamische Kakteen lassen sich nur durch Befruchtung mit Pollen eines Artverwandten zur Samenproduktion bewegen.

Die Seitenpfropfung

Die Seitenpfropfung wird nicht sehr häufig praktiziert, da sie ein wenig mehr an Geschick voraussetzt, aber eigentlich keinen echten Vorteil bietet. Diese Methode soll einem rascheren und besseren Zusammenwachsen der Leitbündel dienen.

Für die Seitenpfropfung sind schnellwüchsige und schlanke Säulenkakteen, z. B. *Trichocereus*- und *Cereus*-Arten, geeignet. Die Schnittstelle des Pfröpflings wird nicht an jeder Rippe abgekantet, sondern schräg angesetzt. Als Unterlage werden vorzugsweise hochwüchsige und schlanke Säulenkakteen verwendet, deren Schnittstelle wie beim Pfropfreis ebenfalls nicht abgekantet, sondern auch hier schräg zugeschnitten wird. Der Pfröpfling wird unter einer Halbdrehung gerade und fest auf die Unterlage gedrückt und mit keimarmen, möglichst desinfizierten Stecknadeln oder mit längeren Kakteendornen fixiert und mit 2–3 Gummibändern zusätzlich seitwärts umschlungen.

Sonderfall: Die flache Seitenpfropfung

Um schlanktriebige Pereskien oder pereskienartige Kakteen sicher zu pfropfen, verwenden Kakteenliebhaber eine Kombination aus Flach- und Seitenpfropfung. Mithilfe dieser Pfropfung können 2–4 Pfröpflinge auf einem entsprechend großen Strunk untergebracht werden. Zudem bietet diese Methode einen relativ guten Schutz vor dem Abrutschen des Pfropfreis. Das zu veredelnde Reis wird mit einer Länge von mindestens 5 cm sauber von der Mutterpflanze abgetrennt und ohne Abkantungen schräg angeschnitten. Sollen nur 1–2 Pfröpflinge veredelt werden, genügt als Unterlage ein größeres Exemplar z. B. einer *Opuntia*-Art. Sollen es aber bis zu vier werden, empfiehlt sich ein umfangsstarker Säulenkaktus wie *Myrtillocactus*. Der Strunk wird präpariert wie bei der Flachpfropfung.

Die abgeschrägten Pfröpflinge werden unter einer leichten Halbdrehung mittig auf das Leitbündel der Unterlage gesetzt. Entsprechend der Größe und Stärke legt man ein bis drei Gummiringe pro Reis zur Fixation um die Pfropfung.

Sonderfall: Die Sämlingspfropfung

Nässeempfindliche Kakteenarten, z. B. *Astrophytum asterias*, können sicherheitshalber schon im Sämlingsstadium auf einen schnellwüchsigen und nährstoffreichen Strunk wie *Trichocereus* veredelt werden. Diese Maßnahme begünstigt zwar ein wesentlich rascheres Wachstum als die wurzelechte Kultivie-

Eine Echinopsis-Hybride als Ergebnis einer Kreuzung.

rung, birgt aber wegen der Empfindlichkeit der noch kleinen Pflanzen das größte Risiko eines Misserfolgs.

Bei der Sämlingspfropfung werden die Sämlinge direkt über den Keimblättern mit einem scharfen Messer oder einer Rasierklinge vorsichtig und sauber abgeschnitten. Die empfindlichen Pflänzchen werden nun mit ihren winzigen Leitbündeln so genau wie möglich unter einer leichten Drehbewegung auf das Leitbündel der Unterlage gesetzt. Je größer der Strunk ist, desto mehr Sämlinge passen nebeneinander. Ein straffes Gummi zur Fixierung würde die Gewächschen verletzen oder sogar zerreißen. Besser ist es, die Sämlinge mit einer Glasplatte zu fixieren, die von oben aufgelegt und neben der Pfropfunterlage abgestützt wird. Noch besser hilft ein einfacher Metallwinkel aus dem Baumarkt, der seitlich des Strunks in die Erde gesteckt und in der Höhe angepasst werden kann.

Robuste Pfropfunterlagen

Sicherlich sind *Trichocereus*, *Echinopsis* und *Myrtillocactus* gute und mehr oder weniger schnellwüchsige Pfropfunterlagen. Es kommt aber immer darauf an, welche Art überhaupt veredelt werden soll. *Pereskia* bzw. *Pereskiopsis* sind für viele Kakteen geeigneter – andere hingegen verlangen wieder die säuligen Cereen. Die oftmals im Handel erhältlichen Pfropfungen langsam wachsender Kakteen auf *Hylocereus* sind nicht besonders vorteilhaft, da die Art sehr raschwüchsig ist.

Für Fortgeschrittene: Neue Sorten züchten

Pflanzenliebhaber neigen in aller Regel dazu, Hybriden – also Kreuzungen verschiedener Gewächse zu einer neuen Art – in so gut wie jeder Form anzustreben. Die meisten Kakteenfreunde bevorzugen allerdings die Artenreinheit. Trotzdem werden zur Beeinflussung oder Veränderung der Robustheit, der Beschaffenheit des Flors und aus anderen Gründen Arten einiger Gattungen mittlerweile gern und häufig gekreuzt, so z. B. Vertreter der Gattungen *Astrophytum*, *Echinopsis*, *Epiphyllum*, *Gymnocalycium*, *Hatiora* und andere. Dabei lassen sich einige Kakteen nur mit Artverwandten kreuzen, andere hingegen lassen sich fast beliebig fortpflanzen.

Mit den gewonnenen Hybriden können die speziellen Eigenschaften verschiedener Kakteen in einem neuen Kaktus vereint und zum Vorteil der Pflanze weiterentwickelt werden. Praktisch sind kombinierte, vorzügliche Eigenschaften wie z. B.
- die Winterhärte,
- Unempfindlichkeit und Resistenz,
- Eigenschaften und Potenz vorhandener Inhaltsstoffe (z. B. bei Medizinalkakteen) oder
- die Optik (z. B. Blütenbeschaffenheit, Dornen, Körperbau).

Gelungene Hybriden belohnen den Züchter aber manchmal mit einem vollkommen neuen Kakteencharakter. Beim Probieren und Forschen mit Hybriden kann man viel über die einzelnen Kakteen und deren individuelle Eigenschaften lernen.

Die Kreuzung

Für eine Artenkreuzung wird der Pollen (Blütenstaub) des einen Kaktus mit einem feinen Pinsel oder einem Wattestäbchen auf die Narbe des anderen Kaktus gebracht.

Die **Narbe** befindet sich im Inneren der Blüte und wächst genau aus deren Zentrum – genauer: aus dem Fruchtknoten. Man erkennt sie daran, dass sie der einzige Teil der internen Blüte ist, der kerzengerade nach oben steht.

Der **Pollen** wird den sogenannten Staubbeuteln der Blüte entnommen. Hat man keine zueinander passenden und gleichzeitig blühenden Kakteen, kann man den Pollen einer blühenden Pflanze entnehmen, in Zellstoff oder in ein sauberes und verschließbares Glas verpacken und im Kühlschrank oder Gefrierfach lagern. Wenn der zu bestäubende Kaktus blüht, nimmt man den auf Eis gelegten Pollen und befruchtet die Empfängerpflanze damit. Am Ende der künstlichen Bestäubung bindet man die bestäubte Blüte vorsichtig zu, um zu verhindern, dass eine Verunreinigung und/oder Fremdbefruchtung durch andere Pflanzen eintritt. Der Pinsel wird nach jeder Kreuzung sorgfältig desinfiziert, sodass keine Reste von Blütenstaub auf den feinen Härchen zurückbleiben. Werden Wattestäbchen benutzt, so kann man diese nach der Benutzung einfach wegwerfen.

Gymnocalycium mihanovichii.

Materialien für die Kreuzung
- zwei unterschiedliche, gerade blühende Kakteenarten
- einen feinen Pinsel oder Wattestäbchen
- Desinfektionslösung (bestenfalls Alkohol)
- Latexhandschuhe (der Sauberkeit wegen)
- ein Stück Alufolie (zum Verschließen der bestäubten Blüte)
- ein Stück Faden (um die Alufolie festzubinden)

Pflanzenbestimmung durch Kreuzung

Die Technik des Hybridisierens kann sogar zur Pflanzenbestimmung genutzt werden. Ein neu entdeckter Kaktus, der aufgrund seiner Merkmale der Gattung *Neolloydia* zugehörig sein könnte, muss sich mit den anderen Arten dieser Gattung kreuzen lassen. Funktioniert dies, ist man auf dem Weg zur letztendlichen Bestimmung des Kaktus einen Schritt weiter. Lässt sich aber der neu entdeckte Kaktus nicht mit anderen *Neolloydia*-Arten kreuzen, kann eine Zugehörigkeit zu dieser Gattung direkt ausgeschlossen werden.

Jahreskalender für die Kakteenpflege

Dieser Pflegekalender versteht sich als Orientierungshilfe. Manche Kakteen haben sehr spezielle Ansprüche, denen in den folgenden Erläuterungen nicht entsprochen werden kann. Auch ist es möglich, dass einzelne Kakteenfreunde über die Jahre hinweg einen eigenen und etwas von den hier dargestellten Maßnahmen abweichenden Rhythmus der Kaktuskultur entwickeln. Das ist selbstverständlich kein Nachteil, jeder Pflanzenfreund wird mit der Zeit seine ganz eigenen Erfahrungen machen. Dennoch gelten alle hier empfohlenen Aktivitäten der Jahrespflege für ein Gros der typischen „Fensterbank-Kakteen" – also für solche, die kein Spezialwissen erfordern – und können dem Einsteiger zu Beginn seiner Leidenschaft einen ersten Überblick verschaffen.

Januar

Im Januar befinden sich viele Kakteen noch im Überwinterungsquartier und sollten – jeweils am frühen Morgen oder am Abend – entsprechend ihrer individuellen Bedürfnisse gewässert werden. Manche Arten stehen während dieser Zeit komplett trocken. Regelmäßiges Lüften der Räumlichkeit, natürlich nur bei entsprechend verträglichen Außentemperaturen, ist notwendig. Die Frischluftzufuhr härtet die Pflanzen ab und beugt einem eventuellen Vergeilungsprozess vor. Einige Kakteen, beispielsweise *Schlumbergera*, *Rhipsalis* und *Epiphyllum*, dürfen auch während des Winters nie ganz austrocknen.

Februar

Ab Mitte Februar dürfen die meisten Pflanzen, die aufgrund der noch zurückgefahrenen Lebensfunktionen von schwacher Konstitution sind, ein wenig großzügiger mit Wassergaben bedacht werden, allerdings ist dies auch ein heikler Punkt. Die Bewässerung darf nicht plötzlich drastisch maximiert, sondern sukzessive und nur sehr vorsichtig gesteigert werden. Es bietet sich nun an, die Kakteen mit einer Lupe auf einen eventuellen Schädlingsbefall zu untersuchen. Dabei sollte man insbesondere schauen, ob sich die Rote Spinne sowie Schild-, Woll- oder Wurzelläuse an den Gewächsen ausbreiten. Schild- und Wollläuse können in diesem frühen Stadium noch recht einfach von Hand entfernt werden. Belüftung nicht vergessen!

März

Anfang bis Mitte März gewinnen die meisten Kakteen wieder allmählich an Vitalität. Bis zum Zeitpunkt der ersten Knospen- bzw. Blütenausbildung sollen die Pflanzen aber immer noch nur recht sparsam gewässert werden. Die jeweils bevorzugte Substratmischung kann nun für die einzelnen Exemplare vorbereitet werden. Erste Aussaaten, deren Gefäß mit einer Wärmequelle versehen werden kann, sind jetzt auch schon möglich. Ist der Standort vor letzten Frösten sicher, können die weniger empfindlichen Kakteen bereits wieder an ihren Sommerplatz. Dabei werden die weniger dicht bedornten Arten während der Mittagssonne abgedeckt und vor dem prallen Lichteinfall geschützt. Alle Pflanzen, ob im Sommer- oder im Winterquartier, sollten weiterhin eine regelmäßige Frischluftzufuhr erfahren.

April

Gegen Anfang April stellt man die Kakteen wieder an ihren Sommerstandort. Bei aggressivem Einfall der Frühjahrssonne – gerade um die Mittagszeit – empfiehlt es sich, die Pflanzen mittels Vliesabdeckung, Fliegengitter, Seidentuch oder Zeitungspapier noch leicht zu beschatten. Frühbeetkulturen können nun begonnen werden. Während warmer Tage dürfen die Kakteen ab und zu besprüht werden, allerdings muss man darauf achten, dass das vernebelte Wasser bis zum Abend wieder abtrocknen kann. Man lüftet weiterhin gewissenhaft und kann jetzt, auch vorbeugend, Schädlingsbekämpfungsmittel einsetzen. Kakteen, die in verbrauchtem Altsubstrat stehen, dürfen umgetopft werden. Nach dem Umtopfen werden die betreffenden Pflanzen für einige Tage nur sparsam gewässert.

Mai

Ab Mai erhalten die meisten Kakteen wieder normale Wassergaben, die selbstverständlich den individuellen Ansprüchen angepasst werden. Auch die empfindlicheren Pflanzen kann man nun durchaus an ihrem Standort im Garten, auf der Terrasse oder auf dem Balkon weiter pflegen. Es bietet sich an, allmählich Pfropfunterlagen vorzubereiten und Stecklinge zu gewinnen und zu bewurzeln. Jetzt können erneut Kakteensamen im Anzuchthäuschen oder ähnlichem ausgesät und erweiterte Maßnahmen zur Schädlingsbekämpfung bzw. -vorbeugung vorgenommen werden.

Juni

Im Juni beginnt für die meisten Kakteen die wichtigste Vegetationsperiode. Entsprechend der Bedürfnisse muss man jetzt kräftig wässern. Jetzt können Stecklinge gewonnen und bewurzelt werden, die ersten und dicht zusammenstehenden Sämlinge der Mai-Aussaat sollten nun pikiert (vereinzelt) werden. Viele Kakteen dürfen endlich großzügig gedüngt und Veredelungen (Pfropfungen) durchgeführt werden. Kakteen, die an sehr hellen und warmen Standorten stehen, benötigen ausreichende Belüftung. Auch im Juni wird jeder Kaktus regelmäßig auf einen eventuellen Schädlingsbefall hin untersucht und gegebenenfalls behandelt.

Juli

Zum Sommeranfang setzt man die Kakteenpflege der Vormonate fort, eine stattliche Anzahl der Pflanzen dürfte mittlerweile in voller Blüte stehen. Entsprechend der Anforderungen und Bedürfnisse düngt man, topft eventuell noch um, wässert kräftig und besprüht regelmäßig, pikiert Sämlinge, schneidet Stecklinge und nimmt Pfropfungen vor. Im Juni können zudem letzte Aussaaten unter natürlichem Sonnenlicht gelingen. Auch jetzt sollten man die Gewächse gewissenhaft nach Schädlingen absuchen und bei Befall die notwendigen Bekämpfungsmaßnahmen ergreifen. Bei gesunden Kakteen empfiehlt sich weiterhin eine Schädlings-Prophylaxe.

August

Um die Kakteen einer ordentlichen Abhärtung zu unterziehen und diese somit vor dem Verweichlichen zu schützen, bietet sich der hochsommerliche August geradezu an. Unter Berücksichtigung der individuellen Eigenschaften und Vorlieben der Pflanzen kann man die Pflanzen nun dem Einfluss häufiger Frischluft und voller Sonne aussetzen. Kakteen, die das direkte Sonnenlicht genießen, sollt man allerdings nur noch am Morgen oder abends besprühen, damit die Gewächse keine Verbrennungsschäden erleiden.

September

Ab Oktober beziehen die meisten Kakteen ihr Winterquartier, deshalb bereitet man diese Arten im September allmählich auf die bevorstehende Ruhephase vor. Die Bewässerungen werden schrittweise reduziert und möglichst auf die Morgenstunden verlegt, und man gewährleistet weiterhin eine regelmäßige und ausreichende Belüftung. Ehe gegen Ende September die ersten nächtlichen Fröste die im Freien gehaltenen Kakteen schädigen könnten, bringt man diese wieder zurück in die Wohnung. Ganzjährig im Freiland kultivierte Arten können bei bevorstehenden Temperaturabfällen mit einer Abdeckung geschützt werden.

Oktober

Im Oktober beginnt für die meisten Kakteen die Winterruhe. Die entsprechenden Pflanzen sollten nun in einem ausreichend hellen und beheizbaren Raum untergebracht werden. Dieses Überwinterungsquartier soll zwar belüftbar sein, nicht jedoch zugig. Die Wassergaben werden nochmals reduziert. Wichtig ist, gerade in Bezug auf Temperatur und Bewässerung, auf die jeweiligen Bedürfnisse der einzelnen Arten zu achten. Weihnachtskakteen (*Schlumbergera*) bilden nun demnächst die ersten Knospen aus und werden an einen Standort gebracht, der den Pflanzen eine Temperatur um 15 °C bietet. Junge Pflanzen aus Aussaaten sollten gegen den Spätnachmittag, wenn es allmählich dunkler wird, mit künstlichem Licht versorgt werden.

November

Sämtliche Kakteen, die einer winterlichen Ruhephase bedürfen, stehen mittlerweile im entsprechenden Quartier. Man sollte die Pflanzen noch mal auf Schädlingsbefall untersuchen. Je nach Art setzt man sparsame Wassergaben fort. Die jungen Kakteen sollten vom Einbruch der Dunkelheit bis etwa 19 Uhr künstlich beleuchtet werden.

Dezember

Im Dezember hat man als Kakteenfreund nur wenige Aufgaben, denn jetzt beschränken sich die Maßnahmen auf eine ein- bis zweiwöchige Feuchtigkeitskontrolle. Um solche Kakteen, die gänzlich trocken stehen wollen, muss man sich gar nicht kümmern. Jungpflanzen werden weiterhin bis zum frühen Abend mit künstlichem Licht versorgt.

Berauschende Welt der Kakteen

Kakteenwirkstoffe und ihre Nutzung

Kakteen sind nicht nur exotisch und schön oder botanisch und wissenschaftlich reizvoll – sie haben auch medizinische Qualitäten. Nur das Wissen um die heilkundliche Verwendung der Kakteengewächse hält sich dabei in geradezu lächerlichen Grenzen. In diesem Kapitel dreht sich daher alles um die medizinisch und volksheilkundlich genutzten oder nutzbaren Kakteen.

Für uns Mitteleuropäer ist es naturgemäß schwierig zu verstehen, dass diese stacheligen Gesellen und für hiesige Verhältnisse doch recht exotischen Pflanzen wie die Kakteen in irgendeiner Weise nützlich sein können. Aber eigentlich ist diese Tatsache gar nicht einmal so sensationell, denn auch in unserem Kulturkreis wurden und werden unglaublich viele einheimische Pflanzen volksmedizinisch genutzt – warum also nicht auch die Kakteen?

Kakteen als Arzneimittel

Interessanterweise bieten uns viele Kakteen ein reichhaltiges Angebot an medizinisch wirksamen Inhaltsstoffen. Diese werden – hauptsächlich auf dem amerikanischen Doppelkontinent – nicht ausschließlich medizinisch verwendet, sondern auch im Alltag und natürlich innerhalb des indianischen Schamanismus. Richten wir unseren Blick also zunächst auf einige hochinteressante Beispiele der pharmakologischen Nutzung von Kakteen außerhalb der Heilkunde.

Harrisia adscendens, Leocereus bahiensis, Pilosocereus gounellei und *Cereus jamacaru* enthalten Koffein und haben somit vom pharmakologischen Standpunkt aus betrachtet interessante Eigenschaften. Aus *Pilosocereus gounellei* wird beispielsweise in Guatemala und Mexiko per Kaltwasserauszug eine Art **koffeinhaltiger Limonade** zubereitet, ähnlich unserer Cola. *Leocereus bahiensis* wird in Brasilien zu einem **kaffeeartigen Trunk** verarbeitet. Der entdornte, in Scheiben geschnittene Kaktus wird getrocknet, pulverisiert und anschließend mit kochendem Wasser aufgegossen.

So, wie manche Kakteen aufmunternde Wirkung entfalten können, so vermögen andere Spezies zu betäuben. Zwei Arten der Gattung *Stenocereus* (ehem. *Machaerocereus*), nämlich *Stenocereus eruca* und *Stenocereus gummosus*, werden in Mexiko und teilweise in den südlichen USA innerhalb der Tiermedizin als **Betäubungsmittel für Fische** genutzt. Müssen Fische untersucht oder behandelt werden, wird eine Zubereitung aus den Kakteen ins Wasser gegeben. Die Fische werden dadurch zeitweise betäubt. Die Kaktus-Arten enthalten unter anderem einen Wirkstoff namens 3,4,5-Trimethoxy-Phenethylamin, besser bekannt als Meskalin. Meskalin ist ein sogenannter **psychoaktiver Wirkstoff**.

Psychoaktive Substanzen sind im Allgemeinen solche, die als Drogen bezeichnet werden – obgleich der pharmazeutische Überbegriff Droge die gesamte Palette organischer Arzneistoffe abdeckt. Der Kakteenwirkstoff Meskalin im Speziellen hat halluzinogene Eigenschaften, und meskalinhaltige und andere psychoaktive Kakteen werden von amerikanischen Indianern seit Jahrtausenden rituell und schadlos eingenommen.

Der berühmte Peyote: *Lophophora williamsii* ist der bekannteste aller Rauschkakteen. Der Begriff Rauschgift-Kaktus ist allerdings ein Überbleibsel aus der Vergangenheit und sollte nicht verwendet werden.

Ein weites Feld für Forscher ...

Tatsächlich gibt es im Reich der geistbewegenden Kakteen aber noch manches zu entdecken. Vieles steckt bislang im Verborgenen, nur weniges an Wissen zu den psychoaktiven Kakteengewächsen wurde wirklich ermittelt. So sind beispielsweise viele der wirksamen Inhaltsstoffe der meisten Kakteen noch nicht identifiziert. Außer den relativ bekannten Arten *Lophophora williamsii* (Peyote) und *Trichocereus pachanoi* (San Pedro), und allenfalls *Coryphantha macromeris* (Donana), sind der größte Teil der psychoaktiven Kakteenarten der populären Wissenschaft unbekannt. Dabei gibt es so viele! Es existieren mindestens sechzig Gattungen, welche psychoaktive Verbindungen beherbergen. Manchmal sind dies **hochaktive halluzinogene Stoffe**, wie das erwähnte Meskalin, manchmal aber auch solche **Stimulanzien** wie Koffein (siehe oben) und andere. Die psychoaktiven Kakteen haben, abgesehen von den drei oben genannten – Peyote, San Pedro und Donana – keine Popularität außerhalb der rituellen Anwendung indianischer Stämme erlangt. Allerdings enthalten allein dreizehn verschiedene Gattungen Arten, in denen das psychedelische Meskalin nachgewiesen wurde.

Giftig? Oder nicht?

Obgleich die Einnahme einiger Kakteen Risiken bergen kann, ist doch bis heute kein wirklich lebensgefährlich giftiger Kaktus bekannt geworden. Wie immer bestätigen jedoch Ausnahmen die Regel. Die gelblich-grünen, bis drei Zentimeter langen und bis zu zweieinhalb Zentimeter breiten Früchte des in Bolivien und Paraguay beheimateten *Castellanosia caineana* (Syn.: *Browningia caineana*) sollen giftig sein. Dies erwähnte beispielsweise Kurt Backeberg in seinem 1974 erschienenen Werk „Wunderwelt Kakteen". Chemische Analysen fehlen bis heute. Außerdem enthalten einige *Opuntia*-Arten möglicherweise toxische Mengen **Oxalsäure**, und die als psychoaktiv bekannten Kakteen beherbergen bittere oder, in großen Mengen genossen, gar giftige **Alkaloide** (z.B. Meskalin). Einige Ferokakteen sollen bislang nicht identifizierte Substanzen enthalten, die Durchfall und Erbrechen verursachen können. Der Wahrheitsgehalt dieser Meldungen aus dem Internet ist aber nicht überprüft.

Berauschende Kakteen von A–Z

Schauen wir uns die inhaltsstoffreichen Kakteen kurz im Einzelnen an.

Acanthocereus

Der säulenförmige und kletternde *Acanthocereus tetragonus* wurde und wird in Südamerika von verschiedenen indigenen Völkergruppen als harntreibendes Medikament verwendet. So wird beispielsweise in Brasilien aus dem Fleisch frischer Triebe ein Aufgussgetränk bereitet, welches bei Bedarf in großzügigen Dosierungen getrunken werden soll.

Aporocactus

Der Schlangen- oder Peitschenkaktus *Aporocactus flagelliformis* findet in der mexikanischen Volksheilkunde als Ätzmittel bzw. Pharmakon gegen Verätzungen, Herzmedikament und als Wurmmittel Verwendung. Die frischen Triebe werden geschält und ausgekocht, oder es wird der frische Pflanzensaft verwendet. *Aporocactus* wird dabei sowohl innerlich als auch äußerlich angewendet, also getrunken oder aufgetragen.

Ariocarpus

Ariocarpus kotschoubeyanus ist in und rund um Tamaulipas (Mexiko) als Medizin in Gebrauch. Die Pflanzen werden in Alkohol eingelegt und sowohl als äußerlich aufzutragendes Schmerzmittel, besonders bei Quetschungen und ähnlichen Verletzungen, als auch als innerlich einzunehmendes Pharma-

Aporocactus flagelliformis ist nicht nur heilkundlich interessant, sondern auch noch schön – er bildet Blüten, die bis zu 10 cm lang werden.

kon genutzt. Die „Sunami" genannte *Ariocarpus*-Spezies *Ariocarpus fissuratus* wird in der traditionellen Medizin Mexikos und im Südwesten der USA verwendet. Im südwestlichen Mexiko wird Sunami bei Schlangenbissen, Infektionen, Schnittverletzungen, Quetschungen und anderen Wunden gekaut oder auch als Umschlag bereitet. Die *Ariocarpus*-Arten gelten bei den Indianern als heiliges, aber auch gefährliches Rauschmittel. Man sagt, es könne den Geist verrückt machen.

Carnegiea

Die Seri-Indianer der mexikanischen Sonorawüste benutzen den Saft und das frische Fleisch des für sie wichtigen Heilkaktus *Carnegiea gigantea* (Saguaro, Westernkaktus) gegen Rheumatismus. Die Pima-Indianer aus Arizona nutzen abgestorbene Triebe des Saguaro als Schiene bei Knochenbrüchen und das Fleisch als milchflussförderndes Mittel. Außerdem bereiten sie alkoholische und andere berauschende Zeremonialtränke aus den Früchten des Saguaro. Einige Indianerstämme nutzen den Saft, die Früchte oder einen aus dem Fleisch gewonnenen Sirup als Süßungsmittel und/oder berauschende Ingredienz für Ritualgetränke. Außerdem wird *Carnegiea gigantea* innerhalb der indigenen Ethnomedizin als Schmerzmittel und Gegengift für verschiedene Vergiftungen, zum Beispiel durch Pflanzen oder Tiere hervorgerufene, angewendet.

Cereus

Diverse *Cereus*-Arten (Fackelkakteen) werden in einigen südamerikanischen Ländern volksmedizinisch genutzt. *Cereus hexagonus* gilt in Venezuela als Entwässerer und ist zur Stillung von Blutungen nützlich, *Cereus quadrangularis* wurde einst in der Ethnomedizin Floridas sogar als Mittel gegen Krebs verwendet. *Cereus repandus* wird ebenfalls in Venezuela als medizinisches Shampoo und Seife, zum Beispiel bei Flohbefall oder Ähnlichem, sowie gegen Durchfall angewendet. Das grünliche Fleisch wird herausgeschält, feuer- oder sonnengetrocknet und bei Durchfallerkrankungen gegessen.

Coryphantha

Einige *Coryphantha*-Spezies, zum Beispiel *Coryphantha compacta*, *Coryphantha macromeris* und andere, werden in Mexiko von den Indianerstämmen medizinisch wie *Lophophora williamsii* genutzt. Dabei wird tatsächlich so gut wie das gesamte heilkräftige Spektrum, das auch *Lophophora* (siehe dort) abdeckt, von den Indianern genutzt. Es darf nicht unterschlagen werden, dass ein Großteil der traditionellen schamanischen Heilkunst sich auf psychischer Ebene abspielt. Das heißt, dass der Heiler, der Arzt, der Schamane, sich mit Hilfe diverser pharmakologisch aktiver Pflanzen – auch mit vielen Kakteenarten! – auf eine innere visionäre Reise begibt, auf welcher er zunächst die Erkrankung selbst erkennt, dann deren Ursache und anschließend den Genesungsweg hin zur Gesundheit.

Coryphantha macromeris ist so eine Pflanze, welche Schamanen für eben diese Reisen gebrauchen. Die Pflanze enthält halluzinogene Alkaloide, allerdings kein Meskalin. Der aktive Wirkstoff der Kaktee nennt sich Macromerin.

Coryphantha-Arten, wie hier *Coryphantha runyonii*, enthalten psychoaktive Wirkstoffe und gehören zu den wichtigsten indigenen Rauschkakteen.

Echinocactus

Die Mahuna in New Mexico nutzen diverse *Echinocactus*-Spezies als Oralmedizin, zum Beispiel zur Vorbeugung von Schwellungen der Speicheldrüsen vor einer Mundbehandlung. Obwohl keine genauen Artangaben bekannt sind, kann davon ausgegangen werden, dass *Echinocactus horizonthalonius* und andere, zum Beispiel *Echinocactus texensis*, in Gebrauch sind. Die Arten kommen im südlichen bzw. südöstlichen New Mexiko relativ häufig vor.

Echinocereus

Der Igelsäulenkaktus *Echinocereus triglochidiatus* wird in Nord-Mexiko von einigen Indianerstämmen medizinisch wie *Lophophora williamsii* (siehe dort) genutzt. In Südwest-Mexiko wird *Echinocereus triglochidiatus* als Knochenschiene und herzkraftstärkendes Mittel sowie als schamanische Ritualpflanze verwendet. Der Bananenkaktus *Echinocereus enneacanthus* wird im nordöstlichen Mexiko gegen Wassersucht, als Wurmmittel und zum Töten von Fischen verwendet, und *Echinocereus triglochidiatus* var. *melanacanthus* wird von den nordamerikanischen Navajo als Herzmittel und Gift gebraucht. Doch damit nicht genug: *Echinocereus poselgeri* wird in Mexiko und Texas gegen Arthritis und rheumatische Leiden verwendet. Einige *Echinocereus*-Arten wurden von den Pueblo-Indianern vom Stamm der Isleta von New Mexico bis Nordost-Arizona als externes Antirheumatikum gebraucht. Die gerösteten Triebe wurden als Umschlag auf Schwellungen aufgebracht.

Echinopsis
Diverse ehemalige Lobivien, die heute alle *Echinopsis*-Arten sind, werden in Südamerika von verschiedenen indigenen Völkergruppen medizinisch, vorwiegend als Psychotherapeutikum, verwendet. Das kann man sich so vorstellen: Die Kakteen enthalten psychoaktive Wirkstoffe und werden – ähnlich wie auch in der westlichen Medizin solche Sitzungen vorgenommen werden bzw. wurden – während einer therapeutischen Einheit eingenommen, um den Geist zu lösen oder bestimmte Erfahrungen zu induzieren. Später wird das Erlebte im Gespräch aufgearbeitet.

Epiphyllum
Epiphyllum-Spezies werden innerhalb der mexikanischen Ethnomedizin bei Darmerkrankungen, *Epiphyllum oxypetalum* als Langlebigkeits-Tonikum und *Epiphyllum phyllanthus* als herzkraftstärkendes Mittel und Tonikum verwendet. In Guatemala werden die erhitzten Triebe des *Epiphyllum hookeri* als Schiene für gebrochene Knochen benutzt.

Epithelantha
Die frischen Früchte (Chilitos) des *Epithelantha micromeris* werden in Mexiko als Stimulans gebraucht. Im südwestlichen Mexiko werden *Epithelantha*-Umschläge als Schmerzmittel und bei Verbrennungen sowie giftigen Tierbissen angewendet. Ansonsten wird *Epithelantha* ethnomedizinisch manchmal wie *Mammillaria* (siehe dort) verwendet.

Escobaria
Die Blackfoot in Montana, USA, nutzten die Früchte der *Escobaria vivipara* zur Heilung von Durchfall. Die Samen dienten als Augenmedizin, wobei ein Samenkorn des Kaktus auf vereiterte Augen gelegt wurde. Unklar ist, ob diese Volksmedizin unter den noch lebenden Schwarzfüßen erhalten ist.

Espostoa
Mindestens zwei *Espostoa*-Arten, nämlich *Espostoa huanucoensis* und *Espostoa lanata*, werden in Peru bei den vielgestaltig auszurichtenden Heilungsritualen verwendet. *Espostoa*-Spezies sollen im Allgemeinen heilende Kräfte besitzen und Genesungsprozesse beschleunigen. Leider konnten bis zur Drucklegung dieses Werkes keine weiteren Daten eruiert werden.

Ferocactus
Ferocactus-Arten werden in der mexikanischen Volksmedizin als wirksame Schmerzmittel (vor allem bei Kopfschmerzen) und gynäkologische Pharmaka sowie als Mittel gegen Wasseransammlungen im Gewebe und zur Stärkung der Brust verwendet. Ein dornenloser bzw. entdornter Trieb des *Ferocactus covillei* dient als Umschlag zur Förderung der Wundheilung bei Quetschungen und Verstauchungen. *Ferocactus covillei* und andere Ferocacteen werden außerdem von Indianern als Quelle für Trinkwasser genutzt. Chemische Analysen verschiedener *Ferocactus*-Spezies (*Ferocactus covillei*,

Espostoa lanata zählt zusammen mit einer anderen Art zu den Heilkakteen der indigenen Ethnomedizin.

Ferocactus cylindraceus u.a.) ergaben jedoch das Vorkommen von alkalischen Verbindungen, sodass der Genuss von „*Ferocactus*-Wasser" zu Austrocknungen führen kann.

Gymnocalycium

Etwa zwölf Spezies der Gattung *Gymnocalycium* werden in Südamerika analog zu *Lophophora williamsii* (siehe dort) medizinisch verwendet. Diese Analogie könnte sich durch das Vorhandensein von Meskalin in vielen Arten begründen.

Harrisia

Harrisia adscendens enthält Koffein, und *Harrisia nashii* ist nützlich bei einer den Bauchraum betreffenden Sklerose. *Harrisia divaricata* ist wirksam gegen Warzen. Die bei uns als *Cereus bonplandii* verkaufte homöopathische Zubereitung aus frischen Stängeln und Blüten des *Harrisia pomanensis* wird bei Augenschmerzen und Angina pectoris-Anfällen gegeben.

Hylocereus

Die Waldcereen der Gattung *Hylocereus* werden in Mittelamerika, Mexiko und Peru als inneres Reinigungsmittel verwendet: *Hylocereus undatus* wirkt als Ätzmittel und gegen parasitären Befall, z.B. gegen Würmer. Eine bis heute ungeklärte Zubereitung aus den frischen Trieben wird bei Wurmbefall getrun-

Die Wirkprinzipien von *Hylocereus undatus* sind bislang weitgehend ungeklärt.

ken. Möglicherweise enthalten diese Kakteen ähnliche Wirkprinzipien wie unser einheimischer Wurmfarn *Dryopteris filix-mas*.

Leuchtenbergia
Leuchtenbergia principis (siehe Foto Seite 86) wird in der mexikanischen Ethnomedizin vorwiegend psychotherapeutisch, gegebenenfalls als Antidepressivum, gelegentlich aber auch zur Wundbehandlung, genutzt. Um eine therapeutische Sitzung durchzuführen, werden ein bis zwei Exemplare geschält, getrocknet und dann pur und auf leeren Magen eingenommen. Das psychologische Behandlungsprinzip ist ähnlich wie bei *Coryphantha* und *Lophophora*. Wunden werden äußerlich mit einer unbekannten Zubereitung aus dem Kaktusfleisch behandelt.

Lophophora
Der als Peyote (oder Peyotl, Schnapskopf, Rauschgiftkaktus) bekannte *Lophophora williamsii* wartet – abgesehen von seinen psychoaktiven Eigenschaften – mit einem medizinisch-pharmakologischen Spektrum auf, welches bislang kein anderer Kaktus bieten kann, einige Ausnahmen ausgenommen. Der ausgequetschte Saft des Kaktus wird gegen Infektionen und zur allgemeinen Heilung auf Wunden aufgetragen.

Peyote wird außerdem angewendet gegen Arthritis, Asthma, Augenkrankheiten, Blindheit, Diabetes, Erkältungen, Farbenblindheit, Fieber, Gastrointestinal-Beschwerden, Geschlechtskrankheiten, Influenza, Lungenentzündung, Nervosität, Ohrenleiden, Quetschungen, Schmerzen, Schwindsucht, Schlaflosigkeit, Tuberkulose, Schlangen- und Skorpionbisse, Wunden und Pflanzenvergiftungen. Außerdem wird der Kaktus als wichtigste Ritualmedizin, Haartonikum, Analgetikum gegen Geburtswehen und andere Schmerzen, als Appetit- und Durstzügler, Muntermacher, Relaxans, Rheumatikum, Spasmolytikum, Brechmittel, Herzstimulans und Narkotikum gebraucht. *Lophophora* unterstützt außerdem die Entwöhnung vom Alkohol.

In der Homöopathie wird aus *Lophophora* ein Mittel namens Anhalonium gewonnen. Man setzt es hauptsächlich bei Depressionen, Kopfschmerzen, Schlafstörungen, psychischen Unruhezuständen und psychiatrischen Krankheitsbildern ein. Der psychoaktive und therapeutisch wertvolle Inhaltsstoff Meskalin sorgte für die weltweite Berühmtheit des Peyote.

Mammillaria

Von erheblicher ethnomedizinischer Relevanz sind auch die *Mammillaria*-Arten. Bekannt ist zum Beispiel, dass *Mammillaria heyderi* mannigfaltige medizinische Qualitäten besitzt. So stecken sich Indianer vom nordamerikanischen Stamm der Tarahumara geröstete schmale Streifen des Kaktus ins Ohr und bekämpfen auf diese Weise jegliche Arten von Kopfschmerzen und anderen Schmerzzuständen. Die Pima-Indianer erwärmen Pflanzenteile von

Mammillaria elongata und andere Artverwandte gelten bei den Indianern als wirksame Schmerzmittel.

Mammillaria grahamii var. *grahamii* und stecken sich diese zur Schmerzbekämpfung ebenfalls in die Ohren, auch gilt bei den Indianern der Saft der Pflanze als hervorragendes Mittel gegen Ohrenweh, der bei Bedarf in den Gehörgang geträufelt wird. Außerdem dient das rohe Fruchtfleisch als Babynahrung. *Mammillaria geminispina* wird bei Wucherungen aller Art verabreicht, *Mammillaria magnimamma* als gynäkologisches Milchfluss-Pharmakon. In Mexiko gelten die Mammillarien gemeinhin als Heilmittel und lebensverlängernde Tonika. Sie wirken außerdem als Brechmittel, Antidot für verschiedene Vergiftungen sowie gegen Warzen und Ruhr.

Melocactus

In Guatemala wird *Melocactus curvispinus* volksmedizinisch genutzt. Der Kaktus wird geschält, getrocknet – zuweilen auch geröstet – und bei Fieber und Durchfall auf leeren Magen gegessen. Er soll gegen allerhand weitere Leiden und Krankheiten hilfreich sein, doch wurde dies wissenschaftlich noch nicht näher untersucht.

Myrtillocactus

Ein hochkonzentrierter Aufguss aus zerstückelten Trieben des *Myrtillocactus schenkii* wird in der Baja California schon seit langem gegen Magengeschwüre getrunken. Warme Umschläge aus dem Pflanzenfleisch werden bei Arthritis auf die betroffenen, also schmerzenden Körperregionen gelegt. Der sogenannte Garambullo-Aufguss wird zubereitet, indem etwa fünfzehn bis zwanzig Scheiben eines etwa fünf Zentimeter langen Triebstückes in Wasser eingekocht wird. Wenn die Flüssigkeit eingedickt ist, wird der entstandene Aufguss gegen Magenbeschwerden in großen Mengen getrunken. In Sonora wird der Kaktus in vielen Privatgärten als Heilpflanze angebaut. Die mexikanischen Curanderas, die Heilerinnen, sehen Garambullo als erste Medizinalpflanze an. Eine homöopathische Zubereitung aus den frischen Sprossen des *Myrtillocactus geometrizans* wird auch in Europa bei Wetterfühligkeit, koronaren Durchblutungsstörungen und Stenokardie angewendet.

Nopalxochia

In Kolumbien und Mexiko wird eine Auskochung aus den Blüten der epiphytisch lebenden *Nopalxochia phyllanthoides* als Herztonikum, Expektorans und Hustenmittel verwendet. Möglicherweise enthält die Kaktee ähnliche Wirkstoffe wie einige Opuntien, welche ebenfalls herzkraftstärkende und zugleich Husten lindernde Qualitäten entfalten können.

Notocactus

Innerhalb der brasilianischen indigenen Volksmedizin werden fünf Notocacteen, nämlich *Notocactus concinnus*, *Notocactus herteri*, *Notocactus neoarechavaletae*, *Notocactus ottonis* und *Notocactus scopa* auf rituelle Art medizinisch genutzt. Die Dornen eines älteren, wüchsigen Exemplars werden entfernt, der Kaktus in Scheiben geschnitten und das sonnengetrocknete Gewebe eingenommen. Die Wirkungen dieser Pflanze sind bislang nicht erforscht.

Obregonia

Der Warzenkaktus *Obregonia denegrii*

Myrtillocactus geometrizans wird auch Grambullo genannt und liefert sowohl essbare Früchte als auch heilsame Inhaltsstoffe.

wird in der mexikanischen Region Tamaulipas als volksmedizinisches Gift und Gegengift sowie als Antibiotikum und Sympathomimetikum (Wirkung auf das vegetative Nervensystem) verwendet. Die getrocknete oder in Alkohol eingelegte Pflanze wird dabei innerlich verabreicht, also in Form eines Trunkes aufbereitet und eingenommen.

Opuntia
In der Gattung *Opuntia* existieren die meisten heilkräftigen Spezies, welche gegen die verschiedensten Krankheiten verwendet werden können. Innerhalb der nordamerikanischen Volksheilkunde zum Beispiel werden die wohlschmeckenden Früchte und das Fleisch des Feigenkaktus *Opuntia ficus-indica* und der anderen *Opuntia*-Arten bei Magen-Darm- und Verdauungsbeschwerden, Fieber, Verbrennungen, gynäkologischen Erkrankungen, Durchfall, Warzen, Rheuma, Ruhr, Augen- und Zahnschmerzen und allgemeinen Schmerzzuständen sowie als Blutung stillendes Mittel, Krebsmittel und Hustenmedizin angewendet. Die Blüten und Triebe von *Opuntia ficus-indica* haben antispasmodische, diuretische und hautglättende Wirkung. Die gespaltenen Triebe werden als Umschlag auf Verletzungen gebracht. Die Blüten wirken adstringierend und werden genutzt, um Blutungen zu stoppen und Gastrointestinal-Erkrankungen, zum Beispiel Durchfall, Colitis, Reizmagen und Prostatavergrößerungen zu behandeln.

Pachycereus
Pachycereus pringlei wird wie *Carnegiea gigantea* (siehe dort) als Umschlag gegen rheumatische Leiden sowie gegen Schmerzen, Beulen, Gebärmutterkrebs und zur Förderung der Wundheilung

Opuntien – diese große Gruppe von Kakteen wird mannigfaltig genutzt: als Rauschmittel ebenso wie als Nahrungslieferant und Medizin.

benutzt. *Pachycereus pringlei* ist in der Baja California ein vielgenutztes Heilmittel. *Pachycereus pecten-aboriginum* wird innerhalb der mexikanischen Ethnomedizin bei Heilungszeremonien verwendet. Der Pflanzensaft dieser Art hat diverse medizinische Qualitäten. Er dient als Brech-, Schmerz- und Abführmittel und ist in Mexiko ein beliebtes Hausmittel bei Magen-Darm-Beschwerden. *Pachycereus marginatus* ist gegen Schwellungen (und als Haarfärbemittel) dienlich. *Pachycereus schottii* wird als Medikament gegen Krebsleiden genutzt. Der geschälte Kaktus wird zu einem Tee-ähnlichen Aufgussgetränk verarbeitet.

Pelecyphora

Der kleine und wertvolle Asselkaktus *Pelecyphora aselliformis* wird an seinem Standort Nuevo León und San Luis Potosí in Mexiko ähnlich wie *Lophophora williamsii* (siehe dort) genutzt. Die gesamte Pflanze ist ein wirksames Heil- und Wundmittel und wird ethnomedizinisch als Schmerzstiller, Fiebermittel und Rheumamedizin sowie als Antibiotikum verwendet. Das Kaktusfleisch wird herausgeschält – vermutlich sind

Pachycereus-Arten sind schon lange als Nutzpflanzen bekannt, z.B. als Baumaterialien. Die Kakteen haben aber auch pharmakologische Qualitäten.

mehrere Exemplare der meist kleinen Pflanze nötig – und zu einem Trunk verarbeitet.

Peniocereus

Peniocereus greggii wurde ehemals in der Volksmedizin einiger Gebiete der USA, zum Beispiel New Mexico, als rituelle schamanische Medizin eingesetzt – vermutlich im Gemisch mit anderen Kakteen. Dazu wurden zwanzig bis fünfundvierzig Zentimeter eines Triebes für die Zubereitung eines Trunkes genutzt. Ob dieser Brauch auch heute noch praktiziert wird, ist unklar, aber im Zuge der allgemeinen Popularisierung des Peyote-Kultes um *Lophophora* durchaus möglich und denkbar. *Peniocereus greggii* gilt außerdem in Nevada als Herztonikum. Ein Aufguss aus der Wurzel wird als herzkraftstärkendes Arzneimittel genutzt. Die Papago-Indianer mischen aus den Samen des Kaktus und Hirschfett eine Salbe, die auf Entzündungen und Wunden aufgetragen wird. Die Pima verwenden eine Auskochung aus der Wurzel gegen Diabetes. Eine homöopathische Zubereitung aus frischen Stängeln von *Peniocereus serpentinus* wird als *Cereus serpentarius* bei Angina pectoris-Anfällen verabreicht. Die Bestellung auf dem Apotheken-Weg ist allerdings nicht sehr einfach – auch im Apotheker-Handbuch der homöopathischen Präparate ist *Cereus serpentarius* nicht verzeichnet. *Peniocereus striatus* ist hilfreich gegen Schwellungen und zur Schließung der Fontanelle bei Kleinstkindern. Wenn ein Indio der Baja California Rückenschmerzen hat, nimmt er einen Trieb des Kaktus (der dort Charamatraca genannt wird), drückt den Saft auf ein Stück Stoff und legt dieses getränkte Tuch dann auf die schmerzende Stelle, bis der Schmerz vorüber ist.

Pereskia
Der Blattkaktus *Pereskia grandifolia* wird in Brasilien ethnomedizinisch gegen Schwellungen eingesetzt, *Pereskia guamacho* wirkt kühlend und entzündungshemmend und wird, ebenfalls volksmedizinisch, bei offenen Wunden, zur Narbenverheilung sowie gegen Vereiterungen und Syphilis angewendet. *Pereskia guamacho* wurde erstmalig 1850 auf der Kanga-Plantage in Curaçao kultiviert. Hier wurde aus der Pflanze ein Sirup gewonnen, welches asthmatische Leiden zu lindern vermag. In Venezuela wird aus den Blättern ein süßes Mittel, das das „Blut kühlt", gewonnen. Eine Abkochung aus der Rinde wird zur Therapie von Geschwüren genutzt. Im Staat Falcon wird das aus dem Baumstamm gewonnene Gummi benutzt, um Keuchhusten bei Kindern zu behandeln. Neuere Forschungen haben ergeben, dass die Pflanze zytotoxische, also krebshemmende Eigenschaften aufweist. So kann ein Methanolextrakt aus *Pereskia bleo* erfolgreich in der Behandlung von Brustkrebs bei der Frau verwendet werden.

Pilosocereus
Vier *Pilosocereus*-Arten, nämlich *Pilosocereus chrysacanthus*, *Pilosocereus alensis*, *Pilosocereus gounellei* und *Pilosocereus leucocephalus*, finden in Mexiko, Guatemala, Kolumbien und Brasilien als volksmedizinische Narkotika, beispielsweise zur Anästhesie während operativer Eingriffe, und gelegentlich sogar als Mittel zur Linderung von Krebssymptomatik (etwa bei tumoralen Erkankungen) Verwendung. Interessant ist der Einsatz von *Pilosocereus*-Zubereitungen zur Narkose, und zwar insofern, als dass in den Kakteen bislang trotz chemischer Analysen kein narkotisierender Inhaltsstoff entdeckt werden konnte. Die Spezies enthalten, wie viele Kakteen, diverse Phenylethylamine, *Pilosocereus gounellei* sogar Koffein. Von den bisher bekannten Kakteen-Phenylethylaminen weisen zwar einige psychoaktive Qualitäten auf, jedoch limitieren sich diese auf halluzinogene oder aufputschende Effekte. Einige dieser Substanzen sind pharmakologisch völlig inaktiv. So kann im Prinzip jetzt schon davon ausgegangen werden, dass die indigenen Kaktus-Anästhetika aus Mixturen verschiedener Pflanzenteile bestehen. Möglich und sinnvoll wäre eine Kombination aus Kakteen, die analgetische (schmerzlindernde) und narkotisierende Wirkungen entfalten, ohne halluzinogene Komponenten auszuprägen. Ein Kaktus übrigens, der diese vorteilhaften Eigenschaften in sich vereint, ist *Stetsonia coryne* (siehe dort).

Schlumbergera

Mindestens eine *Schlumbergera*-Spezies, nämlich *Schlumbergera truncata*, wird in Brasilien innerhalb der Ethnomedizin als Psychopharmakon und Schmerzmittel genutzt. Dazu werden die Glieder getrocknet, zu Pulver zerstoßen und entweder geraucht (!) oder als Getränk zubereitet. Dies ist in der Tat die einzige ethnomedizinische Anwendung einer gerauchten Kaktee. Auch innerhalb der Ethnobotanik, welche auch das phytologische Rauschverhalten von Mensch und Tier studiert, ist kein Kaktus bekannt, der geraucht würde. Selbst bei *Lophophora williamsii* ist ein derartiger Gebrauch nur sehr selten belegt, während das Rauchen von Tabak auf feste Weise mit dem Peyote-Ritual verbunden ist.

Selenicereus

Die Königin der Nacht, *Selenicereus grandiflorus*, ist mit ihrem herzwirksamen, digitalisähnlichen Flavonol Isorhamnetin nicht nur homöopathisch bei Angina pectoris-Anfällen, nervösen Herzleiden, Stenokardie und Infektionen des Harntraktes wirksam. Der Kaktus ist außerdem ein Nervenstimulans, hat entzündungshemmende Effekte auf die Haut und kann sogar bei Rheuma und Wassersucht angewendet werden. *Selenicereus grandiflorus* steigert die Herzkraft und erweitert die Blutgefäße. Bei vorschriftsgemäßer Dosierung verursacht *Selenicereus grandiflorus* keine Probleme. Der frische Saft kann äußerlich Juckreiz und Pusteln induzieren, innerlich ein Brennen im Mund- und Rachenraum, Übelkeit, Erbrechen und Durchfall.

Aus den Trieben und Blüten von *Selenicereus grandiflorus* wird ein homöopathisches Medikament gegen Herzleiden wie Angina pectoris, Herzneurosen oder allgemeine Herzschwäche, aber auch gegen Hysterie, Migräne, Hypertonie, Muskelkrämpfe, Gefäß- und Organkrämpfe, Gefäßverkalkung, Hypertonie und Verdauungsbeschwerden hergestellt. *Selenicereus grandiflorus* ist als Essenz erhältlich.

Als offizielles Pharmakon ist *Selenicereus* als negativ beurteilt und abgelehnt worden. Die Kommission E (Sachverständigenkommission für pflanzliche Arzneimittel) stellte zwar eine herzwirksame Aktivität am isolierten Froschherzen fest, konnte dies auf den Menschen übertragen aber nicht bestätigen.

Von *Selenicereus grandiflorus* werden frische oder konservierte junge Triebstücke oder Blüten benutzt. Die Blüten und Triebe sollten im Juli gesammelt und zu einer frischen Tinktur verarbeitet werden. An pharmazeutischen Drogen gibt es Kaktusblüten und das Kaktuskraut – im Handel erhältlich sind unter dieser Bezeichnung entweder nur die Blüten oder eine Mischung von Stängeln und Blüten. Außerdem existieren ein Extrakt und eine Tinktur. Das auch von der Schulmedizin genutzte homöopathische Mischpräparat Diacard® enthält unter anderem (z.B. Äther, Campher und Weißdorn) eine D2-Selenicereus-Potenz und wird bei Angina pectoris und anderen Herzleiden verschrieben. Ein weiteres Medikament der Schulmedizin mit *Selenicereus*-Anteil, Aurocard®, ist seit vielen Jahren vom Markt genommen und derzeit nur in Russland erhältlich.

In der mexikanischen Volksmedizin wird *Selenicereus grandiflorus* gegen Blutspucken (!), Menstruationsbe-

Selenicereus grandiflorus blüht nur eine einzige Nacht.

schwerden und Hämorrhagie angewendet. Die Shoshonen nennen die Pflanze „Herzschmerz" und nutzen sie als Herzstärkungsmittel. Die Nutzung des Kaktus gegen Diabetes ist in Mexiko unter den Indianerstämmen ebenfalls weit verbreitet. Gleiches gilt übrigens für viele Kakteen, unter anderem und insbesondere für die Opuntien.

Wie in ganz Zentralamerika und der Karibik wird *Selenicereus grandiflorus* auch in den Anden als Rheumatikum gebraucht. Der Pflanzensaft wird bei Blaseninfekten, Kurzatmigkeit und Harnproblemen angewendet. Äußerlich wird der Saft gegen rheumatische Beschwerden und Schmerzzustände aller Art benutzt.

In Mexiko und auf einigen Karibikinseln gilt der Blütenextrakt als Aphrodisiakum oder Liebesmittel. In Mexiko werden die Blüten oder Triebe ausgekocht und der entstandene Sud wird als Aphrodisiakum und Rauschmittel gereicht. Auf Jamaika wird *Selenicereus* gegen Fieber, Atmungsstörungen (vornehmlich Kurzatmigkeit), nervöse Leiden und allerhand andere Krankheiten angewendet.

Interessanterweise scheint nicht nur *Selenicereus grandiflorus* herzwirksame Aktivität aufzuweisen. In Yucatan wird ein Blütenaufguss aus der verwandten *Selenicereus donkelaarii* als Herztonikum verwendet. Zu diesem Zwecke werden alle zwei Stunden zwei Esslöf-

fel des Aufgusses eingenommen. Außerdem wird der Stamm dieser Spezies erhitzt, pulverisiert und als hautglättender und -beruhigender Umschlag genutzt.
Es sind bislang keine Wechselwirkungen mit anderen Medikamenten oder Lebensmitteln beschrieben worden, auch gibt es keine Einschränkungen oder Gefahren während der Schwangerschaft und Stillzeit. Reguläre Dosierung des Flüssigextraktes maximal 0,6 Milliliter bis zehn Mal am Tag, die Tinktur darf bei 0,12 bis 2 Millilitern nur zwei bis drei Mal täglich verabreicht werden. *Selenicereus grandiflorus* führt nach großen Dosen oder bei empfindlichen Personen zu Herzrhythmusstörungen. Hohe Dosen können Entzündungen des Magens, Delirium und Verwirrtheit hervorrufen. Angeblich sollen höhere Dosierungen zu Halluzinationen führen. Überdosierungen verursachen Herzrhythmusstörungen, Atemnot, Aszites und Ödeme.

Stenocereus

Stenocereus fimbriatus wird auf den Karibischen Inseln, hauptsächlich in Kuba, volksmedizinisch gegen Warzen verwendet. *Stenocereus thurberi* ist ein effektives Schmerz- und Rheumamittel der Indianer Süd-Arizonas und Nord-Mexikos.
In Mexiko wird die Spezies aber auch noch vielseitiger angewendet: Der Fruchtsaft wird ausgepresst, mit Wasser vermischt und gegen Diabetes getrunken. Ein erhitzter und in ein Tuch eingeschlagener Trieb hilft gegen Hautirritationen und Insektenstiche. Zwei bis drei Triebspitzen sind wirksam bei Schlangenbissen, die Pflanzenteile werden einfach für fünfzehn Minuten mit der Schnittstelle auf die Verletzung gelegt. Gegen Rheuma nutzt die mexikanische Ethnomedizin erhitzte Pflanzenstücke, welche auf betroffene Körperteile gelegt werden. Der in Mexiko beheimatete *Stenocereus gummosus* ist hingegen nur bedingt medizinisch einsetzbar. Er wird vorwiegend zum Fischfang genutzt, zuweilen aber auch, ähnlich wie *Stenocereus thurberi*, zur Behandlung von Wunden.

Stetsonia

Der stark bedornte *Stetsonia coryne* wird in der Volksmedizin Argentiniens, Boliviens und Paraguays als Narkosemedikament und Schmerzmittel sowie zur Wundbehandlung verwendet. Die Spezies ist besonders für operative Zwecke geeignet. Weiter oben besprachen wir bereits die Pilosocereen, welche als Pflanzen-Narkotika genutzt werden und doch eigentlich gar keine anästhesierenden Inhaltsstoffe enthalten, sondern ausschließlich Alkaloide vom Phenethylamin-Typus. *Stetsonia coryne* beherbergt neben eben solchen Verbindungen, z. B. Meskalin, auch Wirkprinzipien von Isochinolin-Typus sowie einige bisher nicht identifizierte. Obgleich die Pharmakologie des *Stetsonia* noch nicht zur Gänze aufgedeckt wurde, ist diese Kaktee aufgrund ihrer unzweifelhaften Aktivität für narkotische Zwecke und chirurgische Eingriffe geradezu prädestiniert.

Trichocereus

Trichocereus pachanoi dient in der peruanischen traditionellen Heilkunde als Tonikum und Liebesmittel und wird ansonsten wie *Lophophora williamsii*

Stark bewehrter Freund: *Stetsonia coryne* ist dem Kakteenfreund wegen ihres bizarren Dornenkleids bekannt. Dass diese Pflanze wie der Peyotekaktus Meskalin enthält, wissen die wenigsten.

(siehe dort) genutzt, hauptsächlich zu rituellen Zwecken und als schamanische Heilpflanze. Das begründet sich sicher in den recht hohen Meskalin-Werten der Pflanze. Andere *Trichocereus*-Spezies, z. B. *Trichocereus cuzcoensis*, werden in Peru auch als Pharmaka zur Linderung von Tumorleiden verabreicht. Eine flüssige Zubereitung aus dem frischen oder getrockneten Pflanzenfleisch wird mit anderen Gewächsen, zum Beispiel Stechapfel-Arten (*Datura* spp.), angereichert. Dieses Tonikum wird sowohl in rituellem Rahmen als auch zur reinen Behandlung kleinerer Leiden genutzt.

Kakteen in der Krebstherapie

An dieser Stelle möchte ich noch einmal auf ein besonderes Phänomen eingehen: Es existieren elf bekannte Kakteen-Arten, welche offensichtlich antitumorale Aktivität aufweisen oder aber wenigstens in irgendeiner Art innerhalb der Behandlung von Krebsleiden hilfreich sind. Immerhin werden die Arten von der neuweltlichen Ethnomedizin seit Jahrhunderten angewandt. Den Indianern vorwerfen zu wollen, sie bildeten sich ihre Gesundheit nur ein oder betrieben gar Scharlatanerie mit ihrem Image, würde doch die Glaubwürdigkeit aller ernsthaft forschenden Wissenschaftler mehr als in Frage stel-

Eine ganze Vielzahl von Kakteen wird zur Behandlung von Krebsleiden eingesetzt, so auch *Pachycereus pringlei*.

len. Wie viel mehr würde es vor allem die Kultur und Lebensart – ja die Mündigkeit! – der indigenen Menschen in Zweifel ziehen.

Ich bezweifle keinen Moment die Kompetenz und fachliche Versiertheit eines echten indianischen Schamanen. Dieser versteht sein Handwerk aus dem Effeff. So wurde in Florida *Cereus quadrangularis* als Krebsmittel verabreicht, heute scheint dieser Brauch nicht mehr populär zu sein. In Nordamerika verstreut und in Mexiko wird *Opuntia ficus-indica* und auf Haiti *Opuntia stricta* zur Tumorbekämpfung und Linderung von Krebsleiden eingesetzt. In Mexiko nutzen die indianischen Stämme *Pachycereus pringlei*, *Pachycereus schottii* und *Pachycereus pecten-aroriginum* zur Therapie von bösartigen Geschwüren und in Südamerika dienen diverse *Pilosocereus*-Arten demselben Zweck. In Peru scheint nur ein Kaktus als Krebsdroge Verwendung zu finden, nämlich *Trichocereus cuzcoensis*.

Kakteen und Diabetes

Innerhalb der indigenen Volksmedizin Mexikos ist die Verwendung von Kakteen zur Prophylaxe und Linderung oder gar zur Heilung von Diabetes-Erkrankungen relativ verbreitet. So werden *Lophophora williamsii*, *Opuntia ficus-indica*, *Opuntia streptacantha*, *Opuntia leucotricha* und einige andere *Opuntia sp.* sowie *Peniocereus greggii*, *Selenicereus grandiflorus* und *Stenocereus thurberi* zu diesen Zwecken genutzt (siehe die jeweiligen Pflanzenbeschreibungen). In welcher Weise die verschiedenen Kakteen auf den Zuckerhaushalt wirken, ist bislang leider nicht gesichert. Klar ist nur, dass solch antidiabetische Kakteen eine Art kleines Wunder vollbringen: Sie regulieren das körpereigene Insulin-Gleichgewicht. Die Indianer sind jedenfalls durch diese Pflanzen zum größten Teil vor Diabetes-Erkrankungen gefeit.

Kakteen von A bis Z

Abkürzungen und Symbole

Syn.   Synonym = Nebenname
var.   Varietät mit abweichenden Merkmalen
subsp.   Subspezies = Unterart

↕   Wuchshöhe (bei einigen Pflanzen auch Länge)

*   geringer Anspruch

**   mittlerer Anspruch

***   hoher Anspruch

     Kugelkakteen

     Säulenkakteen

🪴   Laubkakteen

🪴   Gliederkakteen

🪴   Warzenkakteen

 bis 1,5 m   *

Peitschenkaktus

Aporocactus flagelliformis

Wuchsform: Verzweigender Epiphyt, aufrecht oder überhängend wachsender Kaktus.
Höhe/Breite: Bis 1,5 m lange, bis 2 cm dicke Triebe.
Rippen/Warzen: 10–14 Rippen.
Bedornung: Bis 20 Dornen, zunächst rötlich, später braun.
Blüte: Rosa oder rot, zweiseitig, bis 10 cm lang.
Heimat: Mexiko.
Standort: Halbschatten, möglichst luftig. Während des Sommers gern im Freien.
Substrat: *Aporocactus* benötigt ein durchlässiges, humusreiches Substrat.
Bewässerung: Die Art mag eine relativ hohe Luftfeuchtigkeit. Diese können wir dem Kaktus nicht immer bieten, was allerdings für die Heimkultur keine weiteren Nachteile mit sich bringt. Während der Vegetationsperiode alle 2–3 Wochen gießen, aber Staunässe vermeiden.
Überwinterung: Hell, nicht ganz trocken und nach Möglichkeit nicht unter 12 °C, obwohl durchaus auch Temperaturen von etwa 8 °C toleriert werden.
Vermehrung: Aussaat oder Stecklinge.
Besonderheit: Diese Pflanze sollte regelmäßig gedüngt werden, idealerweise einmal pro Monat.
Weitere empfehlenswerte Art: *Aporocactus flagriformis*

 3 bis 30 cm

Wollfruchtkakteen

Ariocarpus-Arten

Wuchsform: Flachkugelig wachsende Blattwarzenkakteen.
Höhe/Breite: Je nach Art 3–30 cm breit.
Rippen/Warzen: Blattähnliche, rosettenförmig angeordnete Warzen.
Bedornung: Keine oder nur sehr kurze und vereinzelte Dornen.
Blüte: Rosa über hellpurpur bis weiß und gelblich, kurz bis schlanktrichterig, bis 5 cm breit.
Heimat: Mexiko, USA.
Standort: Sonnig und warm, für die Fensterbank-Kultur nur wenig geeignet. Idealerweise werden Ariocarpen unter Glas oder im Gewächshaus gehalten.
Substrat: Die Spezies benötigen kalk- und lehmhaltiges Substrat mit einem pH-Wert um 7–8, wenigstens aber ein rein mineralisches Substrat. Eine Drainage an Wurzelhals und Topfgrund ist Voraussetzung.
Bewässerung: Die Arten werden recht selten gegossen und prinzipiell von unten, da *Ariocarpus* am Wurzelhals sehr nässeempfindlich ist. Nach dem Gießen ruhig mehrere Wochen trocken lassen. Gießperiode etwa von Ende August/Anfang September bis Ende November normal, Dezember bis Anfang Mai mäßig.
Überwinterung: *Ariocarpus* hält seine Ruhephase von etwa Anfang Mai bis Ende August. Diese Zeit über sollte er warm und mäßig trocken gehalten werden. Eine spezielle Überwinterung ist für die Gattung nicht erforderlich.
Vermehrung: Aussaat.
Arten: *Ariocarpus agavoides*, *Ariocarpus fissuratus*, *Ariocarpus kotschoubeyanus*, *Ariocarpus scapharostrus*, *Ariocarpus kotschoubeyanus*, *Ariocarpus retusus*, *Ariocarpus trigonus* und Varietäten

 3 bis 9 m

Bewaffneter Cereus

Armatocereus mataranus

Wuchsform: Verzweigender, baumförmig wachsender Säulenkaktus.
Höhe/Breite: 3–9 m hoch, bis 20 cm breit.
Rippen/Warzen: 5–7 Rippen.
Bedornung: 3–8 Dornen, bräunlich bis weißlichgrau, bis 10 cm.
Blüte: Weiß oder rot, trichterförmig, bis 9 cm lang, nachtblühend.
Heimat: Peru.
Standort: Vollsonnig und warm. Kann notfalls auch im Halbschatten stehen.
Substrat: Diese Art benötigt ein durchlässiges und mineralisches Substrat.
Bewässerung: Während der Vegetationsphase regelmäßig und kräftig. Staunässegefahr ist zu vermeiden. An wärmeren Tagen kann *Armatocereus* behutsam mit lauwarmem Wasser abgebraust werden.
Überwinterung: Hell und fast trocken bei 8–14 °C.
Vermehrung: Aussaat, Kopfstecklinge.
Weitere empfehlenswerte Arten: *Armatocereus balsaensis, Armatocereus rauhii*

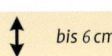 bis 6 cm

Seeigelkaktus
Astrophytum asterias

Wuchsform: Kugelig wachsender Kaktus mit gedrücktem, bläulich-grünem Körper.
Höhe/Breite: Bis 6 cm hoch, bis 10 cm breit.
Rippen/Warzen: Meist 8, manchmal jedoch auch 6 oder 10 Rippen.
Bedornung: Keine. Auffällig sind die dicken, weißfilzigen Areolen.
Blüte: Gelb, im Schlund rötlich, trichterförmig, bis 3 cm lang.
Heimat: Mexiko, USA.
Standort: Sonnig bis ausnahmsweise halbschattig, unbedingt warm und hell.
Substrat: Der Seeigelkaktus benötigt ein mineralisches, durchlässiges und lehmreiches Substrat. Sinnvoll ist ein Zuschlag von Gips.
Bewässerung: Nur mäßig, aber ausreichend gießen. Der Kaktus sollte nie über längere Zeit ganz trocken stehen, zu viel Nässe verzeiht er jedoch auch nur selten. Mit dem Finger oder einem Feuchtigkeitsmesser regelmäßig die Erde kontrollieren.
Überwinterung: Hell und trocken bei etwa 12 °C.
Vermehrung: Aussaat.
Besonderheiten: Weitere Kakteen, die Seeigelkaktus genannt werden: *Echinopsis*.

 bis 60 cm

Bischofsmütze, Sternkaktus

Astrophytum myriostigma var. nude

Wuchsform: Kugelig wachsender, im Alter zylindrischer Kaktus.
Höhe/Breite: Bis 60 cm hoch.
Rippen/Warzen: Meist 5, gelegentlich aber auch bis 10 Rippen.
Bedornung: Keine. Auffällig sind die charakteristischen strahligen weißen Flöckchen auf dem gesamten Körper.
Blüte: Hellgelb bis gelb, trichterförmig, 4–6 cm lang, glänzend.
Heimat: Mexiko.
Standort: Sonnig bis ausnahmsweise halbschattig, unbedingt warm und hell.
Substrat: Die Bischofsmütze benötigt, wie der Seeigelkaktus, ein mineralisches, durchlässiges und lehmreiches Substrat und möglichst einen Gips-Zuschlag.
Bewässerung: Mäßig, aber ausreichend. Siehe Seeigelkaktus.
Überwinterung: Hell und trocken, dabei nicht unter 10 °C, besser bei etwa 12 °C halten.
Vermehrung: Aussaat.
Besonderheit: Von der Bischofsmütze existieren zahlreiche Varietäten bzw. Zuchtformen.
Weitere empfehlenswerte Arten: *Astrophytum asterias, Astrophytum capricorne, Astrophytum ornatum*

 bis 5 cm ★★★

Aztekium, Péyotl
Aztekium ritteri

Wuchsform: Flachkugelig wachsender Kaktus mit grau-grünem Körper.
Höhe/Breite: Bis 5 cm breit, bis 3 cm hoch.
Rippen/Warzen: 9–11 Rippen. Auffällig sind die Querrippen, die an aztekische Skulpturen erinnern.
Bedornung: 1–4 Dornen pro Areole, weiß, abgeflacht.
Blüte: Weiß bis dunkel-rosa, stieltellerförmig, etwa 1 cm lang.
Heimat: Mexiko.
Standort: Vollsonnig und warm, idealerweise Kultur im Gewächshaus.
Substrat: *Aztekium* benötigt ein durchlässiges, rein mineralisches Substrat.
Bewässerung: Den kleinen Kaktus in Kultur nie über längere Zeit ganz trocken stehen lassen. Regelmäßige, aber sehr sparsame Bewässerung. Öfter kontrollieren!
Überwinterung: Trocken und kühl bei mindestens 6 °C.
Vermehrung: Aussaat, anschließend evtl. Pfropfung.
Besonderheit: Bis 1990 galt die im mexikanischen Bundesstaat Nuevo León beheimatete Gattung *Aztekium* als monotypisch, d. h. als Gattung mit nur einer Spezies. Erst später entdeckte Georg Hinton eine zweite Art, die *Aztekium hintonii*.

bis 1,5 m   ★★★

Browningie

Browningia chlorocarpa

Wuchsform: Baumförmig wachsender Säulenkaktus.
Höhe/Breite: Bis 1,5 m hoch.
Rippen/Warzen: Triebe mit 9–10 höckerartig aufgelösten Rippen.
Bedornung: 8–10 Randdornen, bis 1 cm, 1–4 Mitteldornen, bis 6 cm. Bräunlich bis schwarz.
Blüte: Rötlich-orange, bis 5 cm breit, röhrenförmig, nachtblühend.
Heimat: Peru.
Standort: Warm und hell.
Substrat: *Browningia* benötigt ein durchlässiges, mineralisches Substrat.
Bewässerung: Sparsam und nur dann, wenn das Substrat vollständig durchgetrocknet ist. *Browningia chlorocarpa* toleriert Sprühwasser und Vernebelungen nicht gut.
Überwinterung: Trocken und kühl, jedoch nicht unter 10 °C.
Vermehrung: Aussaat oder Steckling.
Weitere empfehlenswerte Arten: *Browningia caineana*, *Browningia hertlingiana*, *Browningia viridis*

bis 15 m   **

Westernkaktus, Saguaro

Carnegiea gigantea

Wuchsform: Kandelaberartig wachsender Säulenkaktus.
Höhe/Breite: Bis 15 m hoch, ab der Mitte mit bis zu 65 cm dicken Trieben verzweigend.
Rippen/Warzen: Bis 30 stumpfe, dunkelgrüne Rippen, 1–3 cm hoch.
Bedornung: 12 und mehr Randdornen, bis 2 cm lang. 3–6 Mitteldornen, bis 8 cm lang. Zunächst dunkelgelb bis bräunlich, später grau.
Blüte: Weiß, außen grünlich, glockig bis trichterförmig, bis etwa 12 cm lang.
Heimat: Mexiko, USA.
Standort: Sonnig und warm. Idealerweise Kultur im Gewächshaus.
Substrat: Der extrem langsamwüchsige Saguarokaktus benötigt ein durchlässiges, leicht kalkiges Substrat. Ein Sandzuschlag ist von Vorteil.
Bewässerung: Saguarokakteen sollten während der Vegetationszeit immer dann gegossen werden, wenn das Substrat durchgetrocknet ist.
Überwinterung: Hell und trocken bei etwa 8–10 °C.
Vermehrung: Aussaat.
Besonderheiten: Die Früchte des Saguaro sind essbar und wohlschmeckend. Die Pflanze selbst enthält verschiedene pharmakologisch aktive Wirkstoffe. Die ältesten Exemplare werden auf über 200 Jahre geschätzt.

 bis 15 m   **

Greisenhaupt

Cephalocereus senilis

Wuchsform: Vom Grunde her verzweigend wachsender Säulenkaktus. In fortgeschrittenem Alter (ab etwa 6 m Höhe) bildet *Cephalocereus senilis* ein Cephalium aus.
Höhe/Breite: Bis 15 m hoch, bis 40 cm breit. Auf der Fensterbank schafft das langsamwüchsige Gewächs aber selten gar nur 1 m.
Rippen/Warzen: Anfangs 10–15 grüne, an natürlichem Standort im Alter bis zu 30 grau-grüne Rippen.
Bedornung: Bis 30 Randdornen, weiß, bis 12 cm lang. Bis 5 Mitteldornen, gelblich bis grau, bis 5 cm lang.
Blüte: Weiß-gelblich, glocken- bis trichterförmig, bis 10 cm lang, bis 8 cm breit, nachtblühend.
Heimat: Mexiko.

Standort: Sehr sonnig und warm. Idealerweise Kultur unter Glas.
Substrat: Das Greisenhaupt benötigt ein durchlässiges und leicht kalkiges Substrat.
Bewässerung: Während der Vegetationsperiode regelmäßig, aber nur sparsam. Das Substrat darf ab und zu durchtrocknen.
Überwinterung: Hell und nicht ganz trocken bei 10–15 °C.
Vermehrung: Aussaat oder Kopfsteckling.
Besonderheit: Die weißen Borstenhaare, die den gesamten Körper des Kaktus' umspinnen, sind für den Trivialnamen Greisenhaupt verantwortlich.

 bis 25 m   *

Wachsfackelkaktus

Cereus-Arten

Wuchsform: Häufig kandelaberartig wachsende, reich verzweigende Säulenkakteen.
Höhe/Breite: Je nach Art bis zu 25 m hoch, bis 70 cm breit.
Rippen/Warzen: Triebe mit 3–12 Rippen.
Bedornung: Die 34 Arten der Gattung weisen eine variable und unterschiedliche Bedornung auf. Rand- und Mitteldornen bei vielen Arten im einstelligen Bereich, meist kurz, bis 1 cm. Gelblich bis braun, grau bis schwarz.
Blüte: Meist weiß, zuweilen rosa bis rot, trichterförmig, bis 30 cm lang, nachtblühend.
Heimat: Südamerika.
Standort: Sonnig bis halbschattig, warm und hell.
Substrat: *Cereus*-Arten benötigen ein nährstoffreiches und humoses Substrat.
Bewässerung: Diese Kakteen verlangen regelmäßige, kräftige Wassergaben. Staunässe ist jedoch unbedingt zu vermeiden.
Überwinterung: Hell und nicht ganz trocken bei etwa 10 °C.
Vermehrung: Aussaat oder Kopfsteckling.
Empfehlenswerte Arten: *Cereus jamacaru*, *Cereus hildmannianus*, *Cereus peruvianus*. Besonders schön sind die Monstrose-Formen, die es von allen drei empfohlenen Arten gibt.

bis über 3 m   *

Felsenkaktus

Cereus peruvianus,
Syn. *Cereus uruguayensis*

Wuchsform: Reich verzweigend wachsender Säulenkaktus. Häufig als monströse Form erhältlich.
Höhe/Breite: In ihrer Heimat wird die Art bis über 3 m hoch und bis etwa 18 cm breit.
Rippen/Warzen: Triebe mit 5–12 Rippen.
Bedornung: 4–7 Randdornen, 1–3 Mitteldornen, bis etwa 2 cm, braun.
Blüte: Weiß, trichterförmig, bis 16 cm lang, nachtblühend.
Heimat: Brasilien, Peru.
Standort: Sonnig bis halbschattig, warm und hell.
Substrat: *Cereus peruvianus* benötigt ein nährstoffreiches und humoses Substrat.
Bewässerung: Die Art verlangt regelmäßige, kräftige Wassergaben. Staunässe ist zu vermeiden.
Überwinterung: Hell und nicht ganz trocken bei etwa 12 °C.
Besonderheit: Ganz besonders bekannt und beliebt ist die Monstroseform dieser Art (*Cereus peruvianus* var. *monstrosus*).
Vermehrung: Aussaat oder Kopfsteckling.

 bis 2 m

Wachsfackelkaktus

Cereus spegazzinii,
Syn. Monvillea spegazzinii

Wuchsform: Kletternder, strauchig oder niederliegend wachsender Kaktus.
Höhe/Breite: Triebe bis 2 m lang, bis 2 cm breit.
Rippen/Warzen: Triebe mit 3–5, meist jedoch 4 Rippen.
Bedornung: 3–5 Randdornen, bis 4 mm, dunkelbraun. 0–1 Mitteldorn, bis 1,5 cm lang.
Blüte: Weiß, äußerlich rosa bis rötlich, trichterförmig, bis 13 cm lang.
Heimat: Argentinien, Paraguay.
Standort: Sonnig und warm, auch Halbschatten möglich. Eine Rankhilfe ist von Vorteil. Wegen der ausladenden Triebe ist Fensterbankkultur schwierig.
Substrat: Die Art benötigt ein durchlässiges, humoses Substrat.
Bewässerung: Regelmäßig und kräftig, das Substrat darf immer etwas feucht sein.
Überwinterung: Hell und nicht ganz trocken bei 10 °C.
Vermehrung: Aussaat, Spross-Steckling.
Besonderheiten: Während der Vegetationsperiode von April bis August monatlich düngen. Es existieren im Handel schöne Cristat-Formen dieser Art, die meist unter ihrem alten Namen *Monvillea spegazzinii* angeboten werden. Auch diese Pflanzen eignen sich für die Wohnzimmerkultur.

bis 1,5 m ***

Silberfackelkaktus

Cleistocactus samaipatanus,
Syn. Borzicactus samaipatanus

Wuchsform: Reich verzweigend wachsender Säulenkaktus.
Höhe/Breite: Bis 1,50 m hoch, bis 5 cm dick.
Rippen/Warzen: Bis 16 quergefurchte Rippen.
Bedornung: 13–22 Dornen, dünn, bis 3 cm lang.
Blüte: Dunkelrot mit hellen Rändern, trichterförmig, bis 6 cm lang.
Heimat: Bolivien.
Standort: *Cleistocactus samaipatanus* wird idealerweise im Gewächshaus kultiviert, in Wohnzimmerkultur unbedingt vollsonnig und warm.
Substrat: Die Art benötigt ein durchlässiges, mineralisches Substrat.
Bewässerung: Während des Sommers regelmäßig und kräftig. Die Art wird immer dann gegossen, wenn das Substrat vollkommen durchgetrocknet ist. Öfter mit Fingern oder Feuchtigkeitsmesser prüfen!
Überwinterung: Trocken und kühl bei etwa 10 °C.
Vermehrung: Aussaat und Stecklinge.
Besonderheit: Diese Art blüht bei richtiger Pflege recht willig.
Weitere empfehlenswerte Arten: *Cleistocactus ritteri, Cleistocactus roezlii, Cleistocactus roseiflorus, Cleistocactus viridiflorus*

 bis 3 m

Silberkerze

Cleistocactus strausii

Wuchsform: Verzweigend wachsender Säulenkaktus.
Höhe/Breite: Bis 3 m hoch, bis 10 cm dick.
Rippen/Warzen: Triebe mit bis zu 30 Rippen.
Bedornung: 30–40 Dornen, weiß, bis 1,7 cm lang. 4 Mitteldornen, hellgelb, abwärts gerichtet.
Blüte: Rot, röhrenförmig, bis 9 cm lang. In Kultur sieht man eine Silberkerze nur selten Flor tragen, da die Gewächse erst ab etwa 1 m Höhe zu blühen beginnen.
Heimat: Bolivien, Nord-Argentinien.
Standort: Sonnig und warm, idealerweise im Gewächshaus.
Substrat: *Cleistocactus strausii* benötigt ein durchlässiges, leicht humoses und nährstoffreiches Substrat.
Bewässerung: Die Art sollte regelmäßig gegossen werden, Staunässe ist jedoch zu vermeiden. Hohe Luftfeuchtigkeit ist von Vorteil. *Cleistocactus* darf während der Vegetationsperiode öfter besprüht werden.
Überwinterung: Hell und trocken bei 6–10 °C.
Vermehrung: Aussaat oder Kopfsteckling.

 bis 40 cm   ***

Scheidencereus

Coleocephalocereus aureus,
Syn. Buiningia aurea

Wuchsform: Sprossender, zunächst kugelig wachsender Säulenkaktus. Die Art trägt später ein seitliches, grauwolliges Cephalium.
Höhe/Breite: Bis etwa 40 cm hoch, bis 7 cm dick.
Rippen/Warzen: Triebe mit 10–16 Rippen, annähernd in Höcker aufgelöst.
Bedornung: 10–15 Randdornen, bis 1,5 cm lang. 1–4 Mitteldornen, bis 5 cm lang. Goldgelblichbraun, im Alter sind die Dornen eher von grauer Farbe.
Blüte: Gelb bis gelblich-grün, röhrenförmig, bis 3,7 cm lang, bis 1,5 cm breit.
Heimat: Brasilien.
Standort: Sehr warm und hell. Eigentlich ist *Coleocephalocereus aureus* ein typischer Kandidat fürs Gewächshaus. Wohnzimmerkultur kann jedoch gelingen.
Substrat: Diese Art benötigt ein durchlässiges und mineralisches Substrat.
Bewässerung: *Coleocephalocereus aureus* wird immer dann gegossen, wenn das Substrat durchgetrocknet ist. An sonnigen Tagen darf diese Art vorsichtig mit lauwarmem Wasser abgebraust werden.
Überwinterung: Trocken und keinesfalls zu kühl, idealerweise bei 14–18 °C. Die Art kann während des Winters sogar im Wohnzimmer stehen bleiben.
Vermehrung: Aussaat und Steckling.
Besonderheiten: Die Art wird oft noch unter ihrem alten Namen *Buiningia aurea* im Handel angeboten.
Weitere empfehlenswerte Arten: *Coleocephalocereus aureispinus, Coleocephalocereus purpureus*

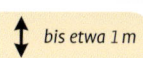

Copiapoa

Copiapoa-Arten

Wuchsform: Kugelig bis säulig wachsende Kakteen. Einzeln oder in Gruppen.
Höhe/Breite: Je nach Art bis über 1 m hoch.
Rippen/Warzen: Je nach Art bis über 50 Rippen. Die Rippen der *Copiapoa*-Spezies sind um die Areolen verdickt und gehöckert.
Bedornung: Die etwa 20 Arten der Gattung weisen variable Bedornung auf. Je nach Art bis etwa 15 Randdornen, bis 5 cm lang und bis über 20 Mitteldornen, bis etwa 6 cm lang. Die braunen, gelben, weißlichen oder schwarzen Dornen sind je nach Spezies kurz und borstig oder lang und fest.
Blüte: Gelb, glockig bis breitglockig, je nach Art bis etwa 5 cm lang, dem Scheitel entspringend.
Heimat: Nord-Chile.

Standort: Im Sommer halbschattig, im Spätsommer und Herbst ans sonnige Fenster.
Substrat: *Copiapoa* verlangt ein kiesiges und durchlässiges Substrat.
Bewässerung: Während der Sommermonate nur sparsam bewässern, z. B. wenn das Substrat vollständig durchgetrocknet ist.
Überwinterung: Trockener und halbschattig. Idealerweise nicht unter 12 °C.
Vermehrung: Aussaat oder Kopfsteckling.
Besonderheiten: Die Vegetationszeit der *Copiapoa*-Arten liegt im Spätsommer und Herbst.
Arten: *Copiapoa cinerea, Copiapoa hypogaea, Copiapoa krainziana, Copiapoa marginata* und andere.

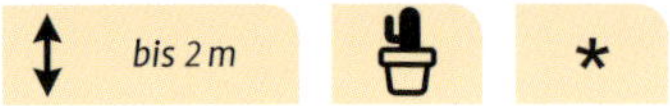

 bis 2 m   *

Corryokaktus
Corryocactus squarrosus

Wuchsform: Strauchig, zuweilen kriechend wachsender Säulenkaktus. Kann in fortgeschrittenem Alter sogar als Ampel- oder Rankpflanze kultiviert werden.
Höhe/Breite: Bis 2 m lange, bis 2,5 cm dicke Triebe.
Rippen/Warzen: Triebe mit 6–9 Rippen.
Bedornung: 9–13 Randdornen, bis 1,2 cm lang. 1 Mitteldorn, nach unten gebogen, bis 3 cm lang, weißlich bis bräunlich.
Blüte: Gelb bis rot, glockenförmig, bis 4,5 cm lang.
Heimat: Peru.
Standort: Sonnig und warm. Im Sommer gern im Freien.
Substrat: *Corryocactus squarrosus* verlangt ein mineralisches, leicht saures und humoses Substrat.
Bewässerung: Regelmäßig gießen, aber Staunässe vermeiden. Öfter kontrollieren und durchtrocknen lassen.
Überwinterung: Kühl und trocken bei 5–10 °C.
Vermehrung: Aussaat und Steckling.
Weitere empfehlenswerte Arten: *Corryocactus aureus, Corryocactus melanotrichus, Corryocactus quadrangularis*

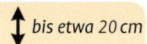

Warzenkaktus, Donãna

Coryphantha-Arten

Wuchsform: Kugelig bis zylindrisch wachsende Warzenkakteen. Einzeln oder sprossend.
Höhe/Breite: Je nach Art meist klein bleibend, selten breiter als 30 cm und höher als 20 cm.
Rippen/Warzen: Je nach Art kurze bis verlängerte Warzen, variabel.
Bedornung: Bei den 45 Arten variabel. Einige Arten weisen eine eher wilde und eigenwillige Bedornung auf, andere eine wohlgeordnete.
Blüte: Gelb, rosa- oder crèmefarben, rot oder weiß, glocken- bis trichterförmig, in Scheitelnähe erscheinend.
Heimat: Mexiko und südwestliche USA.
Standort: Unter Glas. *Coryphantha*-Arten lassen sich nur schlecht auf der Fensterbank kultivieren, diese Pflanzen sollten im Gewächshaus oder im Frühbeetkasten gehalten werden.
Substrat: Stark bewehrte Spezies benötigen ein durchlässiges, mineralisches Substrat mit Lehmzuschlag. Weniger bedornte Arten bevorzugen ein humoses Substrat.
Bewässerung: Stark bewehrte Arten bedürfen regelmäßiger, aber sparsamer Wassergaben. Das Substrat sollte nach jeder Bewässerung vollständig durchtrocknen. Weniger bedornte Arten mögen etwas mehr Feuchtigkeit. Staunässe ist zu vermeiden!
Überwinterung: Kühl und trocken, einige Arten sind frosthart. Coryphanthen bekommen während der Überwinterung gar kein Wasser.
Vermehrung: Aussaat und Spross-Steckling.
Besonderheit: Einige *Coryphantha*-Arten enthalten psychoaktive Wirkstoffe und werden von Angehörigen indigener Ethnien zu rituellen Zwecken genutzt.
Empfehlenswerte Arten: *Coryphantha macromeris, Coryphantha palmeri, Coryphantha poselgeriana, Coryphantha radians*

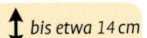

bis etwa 14 cm   **

Warzenkaktus, Elephants Tooth

Coryphantha elephantidens

Wuchsform: Kugelig bis zylindrisch wachsender Warzenkaktus. Einzeln oder sprossend.
Höhe/Breite: Bis 14 cm hoch, bis 20 cm breit.
Rippen/Warzen: Große, gefurchte Warzen, bis 4 cm lang, bis zu 6 cm breit.
Bedornung: 5–8 Randdornen, bis etwa 2 cm lang, braun, kein Mitteldorn. Wollige Axillen.
Blüte: Rosa- bis karminfarben mit rotem Schlund, glocken- bis trichterförmig, bis etwa 10 cm breit, in Scheitelnähe erscheinend.
Heimat: Mexiko.
Standort: Idealerweise im Gewächshaus oder im Frühbeetkasten. Versuche, diese Art in Zimmerkultur zu pflegen, sind bislang immer gelungen.
Substrat: Die Art benötigt ein durchlässiges, mineralisches Substrat mit Lehmzuschlag.
Bewässerung: Regelmäßig, aber sparsam. Das Substrat sollte nach jeder Bewässerung vollständig durchtrocknen. Staunässe ist zu vermeiden!
Überwinterung: Die Art wird während der Überwinterung kühl und trocken gehalten.
Vermehrung: Aussaat und Spross-Steckling.
Besonderheit: *Coryphantha elephantidens* enthält psychoaktive Wirkstoffe und wird von Angehörigen indigener Ethnien zu rituellen Zwecken genutzt.

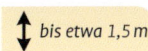

 bis etwa 1,5 m   *

Denmoza

Denmoza rhodacantha

Wuchsform: Kugelförmig bis zylindrisch wachsender Kaktus.
Höhe/Breite: Bis etwa 30 cm breit und bis über 1,5 m hoch.
Rippen/Warzen: 20–30 Rippen von bis zu 1 cm Höhe.
Bedornung: 8–10 Randdornen, 0–1 Mitteldorn. Orangefarben bis rot.
Blüte: Scharlachrot, röhrenförmig, bis 7 cm lang.
Heimat: Argentinien.
Standort: Sonnig und warm. Im Sommer können die Pflanzen ins Freie gebracht werden.
Substrat: *Denmoza rhodacantha* benötigt ein durchlässiges und mineralisches Substrat.
Bewässerung: Immer dann, wenn das Substrat durchgetrocknet ist. An wärmeren Tagen darf die Pflanze abends mit der Sprühflasche vernebelt werden.
Überwinterung: Hell und trocken bei etwa 10–12 °C.
Vermehrung: Aussaat.
Besonderheiten: Dieser Kaktus enthält psychoaktive Wirkstoffe und gilt in Argentinien als Ingredienz eines magischen Tranks. Nach neueren Erkenntnissen ist *Denmoza rhodacantha* die einzige Art der Gattung. Die in älteren Kakteenbüchern angegebene *Denmoza erythrocephala* gilt nicht mehr als eigenständige Spezies.

 bis 3 cm

Discokaktus, Scheibenkaktus

Discocactus horstii

Wuchsform: Kugelkaktus. Im Alter bildet sich ein abgesetztes weiß-wolliges, bis 1,5 cm hohes und bis zu 2 cm breites Cephalium aus, dem auffällige braune Borsten entwachsen.
Höhe/Breite: Bis 6 cm breit, bis 3 cm hoch.
Rippen/Warzen: 15–22 rundliche Rippen.
Bedornung: 8–10 Dornen, braun bis weißlichgrau.
Blüte: Weiß, trichter- bis stieltellerförmig, bis 6 cm breit und bis 7,5 cm lang.
Heimat: Brasilien.
Standort: Sonnig und feucht-warm, idealerweise im Gewächshaus. Empfohlen wird die Kultur von gepfropften Pflanzen. Wurzelechte *Discocactus*-Arten sind recht schwierig in der Pflege, Fensterbankkultur ist dennoch grundsätzlich möglich. Importpflanzen sind zu vernachlässigen, sie überleben in den seltensten Fällen. Aus Samen gezogene Exemplare können robuster werden.
Substrat: *Discocactus horstii* benötigt ein mineralisches Substrat, idealerweise Quarzsand mit Blähschiefer- und wenig Torfzuschlag.
Bewässerung: Die Pflanzen dürfen während der Vegetationsperiode konstant feucht gehalten werden, Staunässe ist zu vermeiden.
Überwinterung: Hell, trocken und warm bei mindestens 15 °C, am besten im Wohnzimmer, keinesfalls jedoch unter 10 °C. Die Pflanze darf besprüht werden.
Vermehrung: Aussaat.
Besonderheit: Kakteen der Gattung *Discocactus* sind neben den Melokakteen die einzigen Kugelkakteen mit abgesetztem Cephalium.
Weitere empfehlenswerte Arten: *Discocactus bahiensis, Discocactus ferricola, Discocactus heptacanthus, Discocactus zehntneri*

bis 1,3 m   **

Rote Königin der Nacht, Sonnenkaktus

Disocactus speciosus, Syn. *Heliocereus speciosus*

Wuchsform: Aufrecht oder überhängend, strauchig wachsender Säulenkaktus. Zunächst rötliche, später grüne Triebe.
Höhe/Breite: Die vierkantigen Triebe werden bis 1,3 m lang und bis etwa 3,5 cm dick.
Rippen/Warzen: 3–5 Rippen.
Bedornung: Zunächst 5–8 Dornen, bei zunehmendem Alter bis 25 und mehr, bis 1,5 cm lang, gelb bis bräunlich.
Blüte: Karminrot, trichterförmig, bis 15 cm lang.
Heimat: Mexiko.
Standort: Halbschattig. Idealerweise mit Rankhilfe, da die Triebe der Pflanze mit der Zeit recht lang werden können.

Substrat: Die Art benötigt ein nährstoffreiches, humoses Substrat.
Bewässerung: Das Substrat darf grundsätzlich leicht feucht sein, nie aber völlig durchnässt.
Überwinterung: Weniger feucht bei 10–14 °C.
Vermehrung: Aussaat und Stecklinge.
Besonderheit: Diese Art wird häufig unter ihrem alten Namen *Heliocereus speciosus* im Handel angeboten.
Weitere empfehlenswerte Arten: *Disocactus biformis, Disocactus eichlamii, Disocactus macranthus*

bis 1,5 m   *

Schwiegermuttersessel

Echinocactus grusonii

Wuchsform: Kugelig, im Alter häufig kurzzylindrisch wachsender Kaktus.
Höhe/Breite: Bis 1,5 m hoch und bis etwa 80 cm breit.
Rippen/Warzen: Bis 30 scharfkantige Rippen.
Bedornung: 8–10 Randdornen, bis 3 cm lang, schräg gestellt. 3–5 Mitteldornen, bis 5 cm lang, gekrümmt. Zunächst leicht goldgelb bis blassrötlich, später blass-gelblich bis crèmefarben.
Blüte: Gelb bis bräunlich, trichterförmig, bis zu 6 cm lang, erscheinen in Kultur nur selten.
Heimat: Mexiko.
Standort: Sonnig und warm, während des Sommers gern im Freien.
Substrat: Der Schwiegermuttersessel benötigt ein durchlässiges Substrat.
Bewässerung: *Echinocactus grusonii* darf während der Vegetationsperiode nie vollständig trocken stehen, sollte aber stets sehr sparsam gegossen werden.
Überwinterung: Hell, trocken und nicht unter 10 °C.
Vermehrung: Aussaat.
Weitere empfehlenswerte Art: *Echinocactus platyacanthus*

 bis 20 cm

Igelsäulenkaktus

Echinocereus leucanthus, Syn. *Wilcoxia albiflora*

Wuchsform: Verzweigender, strauchartig wachsender Säulenkaktus mit Rübenwurzel.
Höhe/Breite: Triebe bis zu 20 cm lang und bis 6 mm dick.
Rippen/Warzen: Zylindrische Triebe mit zahlreichen abgeflachten Rippen.
Bedornung: Bis 12 borstige Dornen, bis 1 mm lang, weiß.
Blüte: Hellrosa bis weiß mit grün-bräunlichem Schlund, flachglockig, bis 2 cm lang und bis 2,5 cm breit.
Heimat: Mexiko.
Standort: Halbschattig bis sonnig, warm. Während des Sommers gern im Freien.
Substrat: *Echinocereus leucanthus* benötigt ein durchlässiges, mineralisches Substrat mit Zuschlag von Bims und Blähschiefer, wird wegen der kräftigen und recht voluminösen Wurzel jedoch häufig veredelt kultiviert.
Bewässerung: Während der Vegetationsperiode sollte das Substrat nie ganz austrocknen. Öfter kontrollieren!
Überwinterung: Hell und trocken bei 6–12 °C.
Vermehrung: Aussaat, Steckling oder Veredelung.
Besonderheit: Die Art wird häufig unter ihrem alten Namen *Wilcoxia albiflora* im Handel angeboten.
Weitere empfehlenswerte Art: *Echinocereus salm-dyckianus*

 bis 2,5 cm **

Igelsäulenkaktus

Echinocereus triglochidiatus

Wuchsform: Kleiner kurzzylindrisch wachsender Säulenkaktus.
Höhe/Breite: Die reich sprossenden Triebe werden bis zu 7,5 cm dick und bis zu 2,5 cm lang.
Rippen/Warzen: 6–10 Rippen.
Bedornung: 3–8 Randdornen, bis 2,5 cm lang. 0–5 Mitteldornen. Weißlich-grau bis grau.
Blüte: Rot, trichterförmig, bis 8 cm lang, bis 5 cm breit.
Heimat: USA.
Standort: Sonnig und warm. Während des Sommers gern draußen.
Substrat: *Echinocereus triglochidiatus* benötigt ein durchlässiges, leicht humoses und nährstoffreiches Substrat. Ein Zuschlag von Sand ist von Vorteil.
Bewässerung: Die Pflanzen mögen im Frühsommer eine regelmäßige und ausreichende, im Spätsommer und Frühherbst eine etwas sparsamere Bewässerung. Von Oktober bis April wird überhaupt nicht gegossen.
Überwinterung: Trocken und hell bei 5–10 °C. *Echinocereus triglochidiatus* ist jedoch nicht besonders kälteempfindlich und übersteht sogar leichte Fröste.
Vermehrung: Aussaat, Spross- oder Kopfsteckling.
Besonderheit: Innerhalb der Spezies werden Varietäten unterschieden, zum Beispiel *Echinocereus triglochidiatus* var. *melanacanthus*, der unter anderem anhand der differenten Dornenfarbe (Mitteldornen gelb-rot bis dunkelgrau, Randdornen weiß) und des gelbschlundigen Flors von der Stammform abgegrenzt werden kann.

 bis 15 cm   **

Lamellenkakteen

Echinofossulocactus-Arten,
Syn. *Echinocactus*

Wuchsform: Kugelkakteen, einzeln oder sprossend.
Höhe/Breite: Die etwa 10 Arten der ehemaligen Gattung *Echinofossulocactus* werden bis 15 cm breit.
Rippen/Warzen: 30–100 gewellte und dünne Rippen, lamellenartig.
Bedornung: Die Lamellenkakteen sind in der Bedornung sehr variabel. Der Mitteldorn der Arten ist häufig abgeflacht, gebogen oder gerade.
Blüte: Je nach Art weiß, gelb, gelblich-weiß, grünlich-weiß, rosafarben oder rot, oftmals mit violetter oder purpurner Mittelbestreifung und/oder Mitte. Glocken- bis trichterförmig, bis 4 cm lang, in Scheitelnähe entspringend.
Heimat: Mexiko.

Standort: Nicht in der direkten Sonne, aber hell und warm. Im Sommer gern draußen.
Substrat: Die Arten benötigen ein durchlässiges, humoses Substrat. Ein Sandzuschlag ist vorteilhaft.
Bewässerung: Die Pflanzen wollen regelmäßig reichlich gewässert werden.
Überwinterung: Hell und trocken bei 5–10 °C.
Vermehrung: Aussaat.
Besonderheit: Die etwa 10 Arten der Gattung *Echinofossulocactus* sind mittlerweile zu *Echinocactus* gestellt worden.
Empfehlenswerte Arten: *Echinocactus lamellosus* (*Echinofossulocactus lamellosus*), *Echinocactus multicostatus* (*Echinofossulocactus multicostatus*), *Echinocactus tricuspidatus* (*Echinofossulocactus tricuspidatus*)

 bis 10 cm

Zwergsäulenkaktus, Raupelkaktus, Würstelkaktus

*Echinopsis chamaecereus,
Syn. Chamaecereus silvestrii,
Lobivia silvestrii*

Wuchsform: Zylindrisch wachsender Kaktus. Sprossend, teils niederliegend.
Höhe/Breite: Triebe bis etwa 10 cm lang und bis 3 cm dick.
Rippen/Warzen: Triebe mit 6–8 Rippen.
Bedornung: 10–15 Randdornen, bis 2 mm lang. Kein Mitteldorn.
Blüte: Zinnoberrot, trichterförmig, 5–7 cm lang, bis 3 cm breit, erscheint seitlich.
Heimat: Argentinien.
Standort: Sonnig und warm, während der Sommermonate gern im Freien.
Substrat: *Echinopsis silvestrii* benötigt ein nährstoffreiches, mineralisches, leicht saures Substrat.
Bewässerung: Während der Vegetationsperiode reichliche Wassergaben, Staunässe muss vermieden werden.
Überwinterung: Hell und trocken bei 5–10 °C.
Vermehrung: Am ehesten bietet sich die Vermehrung über die leicht abtrennbaren Kindel an. Aussaat ist möglich.
Besonderheit: Eine Varietät dieser Art, meist *Chamaecereus silvestrii* var. *aurea* genannt, ist eine chlorophylllose Mutante. Sie weist gelbe bis orangefarbene Triebe auf und wird deshalb im Handel als Bananenkaktus angeboten. Wegen des fehlenden Chlorophylls kann die Pflanze nur gepfropft überleben.

bis etwa 75 cm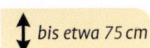

Igelkaktus, Seeigelkaktus

Echinopsis oxygona,
Syn. Echinopsis tubiflora

Wuchsform: Zunächst kugelig, später säulenförmig wachsender Kaktus, sprossend.
Höhe/Breite: Bis etwa 75 cm hoch, bis 15 cm breit.
Rippen/Warzen: Bis zu 12 Rippen.
Bedornung: 7–9 Randdornen, 1–3 Mitteldornen, grau-weiß bis braun.
Blüte: Weiß, äußerlich grünlich, langgestielt, trichterförmig, bis etwa 25 cm lang, nachtblühend.
Heimat: Argentinien.
Standort: Nicht vollsonnig, aber hell. Im Sommer gern im halbschattigen Freiland.
Substrat: *Echinopsis oxygona* benötigt ein durchlässiges und nährstoffreiches Substrat.
Bewässerung: Während der Vegetationsphase dankt die Pflanze eine regelmäßige und kräftige Bewässerung.
Überwinterung: Hell und nicht ganz trocken bei 8–10 °C, keinesfalls jedoch unter 6 °C.
Vermehrung: Aussaat oder Spross-Steckling.
Weitere empfehlenswerte Arten: *Echinopsis eyriesii, Echinopsis leucantha, Echinopsis*-Hybriden

bis 30 cm   **

Blattkaktus

Epiphyllum-Arten, Syn. Schlumbergera

Wuchsform: Epiphytischer, strauchartig wachsender Kaktus.
Höhe/Breite: Die blattartigen, gekerbten oder gebuchteten, aufrechten oder hängenden Triebe der etwa 15 Spezies werden je nach Art bis zu 30 cm lang und breit.
Rippen/Warzen: Keine.
Bedornung: Keine.
Blüte: Je nach Art weiß, gelblich, rosa, rot. Blütenhüllblätter und äußere Blüte verschiedenfarbig. Trichterförmig, bis über 30 cm lang, seitlich, nachtblühend.
Heimat: Argentinien, Mittelamerika, Mexiko.
Standort: Halbschattig bis sonnig bei konstanten Temperaturen von 15–20 °C. Hohe Luftfeuchtigkeit ist erwünscht. Im Sommer gern im Freien.
Substrat: Die Arten dieser Gattung benötigen ein nährstoffreiches, humoses Substrat.
Bewässerung: Blattkakteen dürfen konstant feucht gehalten werden, wobei Staunässe unbedingt zu vermeiden ist.
Überwinterung: Die Pflanzen halten keine Winterruhe, sollten in Kultur jedoch während der Wintermonate etwas weniger feucht gehalten werden.
Vermehrung: Idealerweise aus Stecklingen.
Besonderheiten: Die *Epiphyllum*-Spezies dürfen während des Sommers alle 14 Tage, im Herbst und Winter alle 4 Wochen gedüngt werden. Die Pflanzen dieser Gattung können leicht mit anderen Epiphyten verwechselt werden, so beispielsweise mit den diversen *Phyllocactus*-Hybriden. Die Gattung *Epiphyllum* wurde wissenschaftlich mittlerweile zu *Schlumbergera* gestellt.
Empfehlenswerte Arten: *Epiphyllum anguliger, Epiphyllum chrysocardium, Epiphyllum phyllanthus* und *Epiphyllum*-Hybriden.

 bis 4 cm   ★★★

Button Cactus, Chilito

Epithelantha micromeris

Wuchsform: Kleiner Kugelkaktus.
Höhe/Breite: Bis 4 cm hoch, bis 4 cm breit.
Rippen/Warzen: Die kleinen Warzen sind teils unter 1 mm, zuweilen bis 3 mm hoch.
Bedornung: Bis 20 Dornen pro Areole, bis 2 mm lang. Bedornung bedeckt den Körper komplett.
Blüte: Weiß bis zartrosa-rötlich, trichterförmig, bis 1 cm breit, dem Scheitel entspringend.
Heimat: Mexiko, USA.
Standort: Sonnig und warm. Wurzelechte Exemplare werden idealerweise unter Glas kultiviert, also im Gewächshaus. Veredelte Pflanzen gedeihen durchaus auch in Wohnzimmerkultur.
Substrat: Die Pflanze benötigt ein mineralisches und durchlässiges Substrat mit Kalkgrus-Zuschlag.
Bewässerung: Diese winzigen Kakteen benötigen regelmäßige, aber sparsame Wassergaben. Frühestens, wenn das Substrat durchgetrocknet ist. Öfter kontrollieren!
Überwinterung: Trocken und kühl bei mindestens 8 °C.
Vermehrung: Aussaat oder Spross-Steckling.
Besonderheiten: Von der *Epithelantha micromeris* existieren sechs akzeptierte Varietäten, ein älteres nomenklatorisches System benennt drei variable Spezies der Gattung *Epithelantha*, nämlich *E. micromeris*, *E. bokei* und *E. pachyrhiza*. *Epithelantha micromeris* enthält psychoaktive Wirkstoffe, die aufmunternde Effekte induzieren. Daher wird bzw. wurde das Gewächs von manchen indigenen Ethnien als eine Art Dopingmittel verwendet.

 bis 1 m

Wollfeigenkaktus

Eriosyce aurata

Wuchsform: Kugelig wachsender Kaktus.
Höhe/Breite: Bis 1 m hoch, bis 55 cm breit.
Rippen/Warzen: Bis zu 40 Rippen.
Bedornung: Bis 20 Dornen, bis 4 cm lang, häufig gebogen, gelblich bis dunkelbraun.
Blüte: Rot, glockig, bis etwa 4 cm lang, dem wolligen Scheitel entspringend.
Heimat: Chile.
Standort: Sonnig und warm.
Substrat: Die Art benötigt ein durchlässiges, mineralisches, sandiges Substrat.
Bewässerung: Während der Vegetationszeit kräftig und regelmäßig, Staunässe vermeiden!
Überwinterung: Kühl, jedoch nicht unter 10 °C und nicht ganz trocken. Von Zeit zu Zeit tröpfchenweise gießen.
Vermehrung: Aussaat und Sämlingspfropfung.

Besonderheit: Der Wollfeigenkaktus hat nichts mit dem Feigenkaktus *Opuntia ficus-indica* zu tun. Sein Name leitet sich vom Griechischen *erion* = Wolle und *sykon* = Feige ab.
Weitere empfehlenswerte Arten: *Eriosyce ceratistes, Eriosyce rodentiophila*

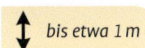

Eriosyce

Eriosyce subgibbosa

Wuchsform: Zylindrisch bis gestreckt, teils niederliegend wachsender Kugelkaktus.
Höhe/Breite: Bis etwa 1 m hoch und bis 25 cm breit.
Rippen/Warzen: 16 bis etwa 22 Rippen, die in Warzen aufgelöst sind.
Bedornung: 8–40 Randdornen, anliegend, 1–2 mm lang, bräunlich bis schwarz. 1–16 Mitteldornen, gelb bis braun.
Blüte: Rosa bis karminrot, zweifarbig, trichterförmig bis glockig, bis zu 4 cm lang.
Heimat: Chile.
Standort: Sonnig und warm, vor praller Sonne zu schützen. Viele *Eriosyce*-Arten gedeihen gut im Halbschatten. Gern im Freien.
Substrat: *Eriosyce subgibbosa* benötigt ein durchlässiges, mineralisches und nährstofffreiches Substrat mit eventuellem Sandzuschlag.
Bewässerung: Regelmäßige, jedoch eher sparsame Bewässerung. Das Substrat zwischendurch immer wieder durchtrocknen lassen.
Überwinterung: Hell, nicht ganz trocken und bei 15–18 °C.
Vermehrung: Aussaat.
Besonderheit: Die Art blüht im Winter. Daher benötigt sie auch in dieser Zeit sparsame Wassergaben. Wird im Handel zuweilen unter ihrem alten Namen *Neoporteria subgibbosa* angeboten.

 bis 12 cm

Escobarie

Escobaria vivipara,
Syn. *Coryphantha vivipara*

Wuchsform: Kugelig bis kurzzylindrisch wachsender Warzenkaktus. Einzeln oder in Gruppen.
Höhe/Breite: Bis 12 cm hoch.
Rippen/Warzen: Zylindrische Warzen.
Bedornung: 12–40 Randdornen, weiß oder bräunlich. 1–6 Mitteldornen, bräunlich, bis 2 cm lang.
Blüte: Rosa, glockenförmig, bis 5 cm lang und breit.
Heimat: Kanada, USA.
Standort: Sonnig und warm.
Substrat: Die Escobarie benötigt ein durchlässiges, mineralisches Substrat.
Bewässerung: Auch während der Vegetationsperiode nicht übermäßig. Das Substrat darf zwischen den Wässerungen ruhig ganz durchtrocknen.
Überwinterung: Kühl und trocken, bei 10–12 °C.
Vermehrung: Aussaat oder Kopfsteckling.
Besonderheit: *Escobaria* wird im Handel häufig als *Coryphantha* angeboten.
Weitere empfehlenswerte Arten: *Escobaria minima*, *Escobaria roseana*

 bis 4 m ***

Wollkaktus, Haarkerzenkaktus
Espostoa lanata

Wuchsform: Säulig, zuweilen kandelaberartig wachsender Kaktus. Im Alter mit seitlichem Cephalium. Charakteristisch ist die weiße Haarpracht, die die gesamte Pflanze einhüllt.
Höhe/Breite: In seiner Heimat bis zu 4 m hoch und bis 15 cm breit.
Rippen/Warzen: Bis 20 niedrige Rippen.
Bedornung: Bis 12 Randdornen, weiß-gelblich bis rötlich. Bis 2 Mitteldornen, rot.
Blüte: Weiß, manchmal grünlich, glockenförmig, bis 6 cm lang, dem Rinnencephalium entspringend, nachtblühend. In Kultur trägt diese Pflanze aber keinen oder nur sehr selten Flor.
Heimat: Peru.
Standort: Sonnig und warm, Kultur vornehmlich unter Glas, Wohnzimmerkultur schwierig.

Substrat: *Espostoa lanata* benötigt ein durchlässiges, mineralisches, nährstoffreiches und leicht lehmiges Substrat.
Bewässerung: Mäßig. Der Kaktus sollte jedoch während der Vegetationsperiode nie ganz trocken stehen.
Überwinterung: Trocken, hell und nicht unter 10 °C.
Vermehrung: Aussaat oder Kopfsteckling.
Weitere empfehlenswerte Art: *Espostoa melanostele*

 bis 4 m   ★★★

Wattecereus

Espostoa senilis

Wuchsform: Säulenförmig bis buschartig verzweigend wachsender Kaktus. Im Alter mit seitlichem Cephalium. Charakteristisch ist die weiße Haarpracht, die die gesamte Pflanze einhüllt.
Höhe/Breite: Triebe bis 4 m lang, bis 7 cm dick.
Rippen/Warzen: 14–18 gehöckerte Rippen.
Bedornung: Bis 50 Randdornen, weiß, bis 1 cm. Bis 30 Mitteldornen, weiß, bis 1 cm. 1–3 Mitteldornen bis 4 cm lang, gelblich bis rötlich-braun.
Blüte: Purpurrot, röhren- bis glockenförmig, bis 6 cm lang, dem Rinnencephalium entspringend, nachtblühend. In Kultur trägt diese Pflanze aber keinen oder nur sehr selten Flor.
Heimat: Peru.
Standort: Sonnig und warm, Kultur vornehmlich im Gewächshaus, Wohnzimmerkultur schwierig.
Substrat: *Espostoa senilis* benötigt ein durchlässiges, mineralisches, nährstoffreiches und leicht lehmiges Substrat.
Bewässerung: Regelmäßig, aber immer nur sehr sparsam. Der Kaktus sollte jedoch während der Vegetationsperiode nie ganz trocken stehen.
Überwinterung: Trocken, hell und nicht unter 10 °C.
Vermehrung: Aussaat oder Kopfsteckling.

 bis 3 m

Fasskakteen
Ferocactus-Arten

Wuchsform: Kugelig bis gestaucht säulig wachsende Kakteen. Einzeln oder sprossend.
Höhe/Breite: Die 23 Arten der Gattung werden bis 3 m hoch und bis über 1 m breit.
Rippen/Warzen: Je nach Art 8 bis über 40 Rippen.
Bedornung: Variable Bedornung. Je nach Art gerade oder gebogen, gelb, weißlich, grau, rot oder braun. Mitteldorn häufig abgeflacht und geringelt.
Blüte: Gelb, grünlich-gelb, orange- oder rosafarben, violett oder rot, kurzröhrig, bis 7 cm lang, in Scheitelnähe entspringend. Auf der Fensterbank blühen die Arten nur sehr selten, im Gewächshaus hingegen öfter.
Heimat: Mexiko und USA.
Standort: Vollsonnig und warm. Idealerweise im Gewächshaus, Wohnzimmerkultur jedoch ohne Weiteres möglich.
Substrat: Ferokakteen benötigen ein durchlässiges, lehmiges Substrat.
Bewässerung: Während der Vegetationsperiode nur mäßig gießen. Öfter Feuchtigkeit kontrollieren.
Überwinterung: Hell, trocken und nicht unter 8 °C. Manche Spezies wollen jedoch wärmer überwintert werden, z. B. *Ferocactus chrysacanthus, Ferocactus gracilis, Ferocactus latispinus, Ferocactus peninsulae.* Diese Arten stehen im Winter bei 12–15 °C.
Vermehrung: Aussaat.
Besonderheiten: Ferokakteen gelten in ihrer Heimat als Süßspeise. Einige Arten werden innerhalb der mexikanischen Volksmedizin als Schmerzmittel verwendet.
Empfehlenswerte Arten: *Ferocactus glaucescens, Ferocactus hamatacanthus, Ferocactus wislizeni*

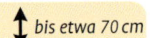

 bis etwa 70 cm   **

Blaugrünlicher Fasskaktus

Ferocactus glaucescens

Wuchsform: Erst kugelig, im Alter säulenförmig wachsender Kaktus.
Höhe/Breite: Bis über 70 cm hoch, bis 60 cm breit.
Rippen/Warzen: 11–44 Rippen.
Bedornung: 4–7 Randdornen, gelb, bis 2,5 cm lang. 0–1 Mitteldorn, gelb, bis 2,5 cm lang.
Blüte: Gelb, trichter- bis glockenförmig, bis 5 cm lang, in Scheitelnähe entspringend.
Heimat: Mexiko.
Standort: Vollsonnig und warm. Idealerweise im Gewächshaus, Wohnzimmerkultur jedoch ohne Weiteres möglich.
Substrat: *Ferocactus glaucescens* benötigt ein durchlässiges, lehmiges Substrat.
Bewässerung: Während der Vegetationsperiode nur mäßig gießen. Öfter Feuchtigkeit kontrollieren.
Überwinterung: Hell, trocken und nicht unter 8 °C.
Vermehrung: Aussaat.

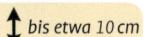

Frailee

Frailea gracillima

Wuchsform: Kugelig bis säulig wachsender Zwergkaktus. Einzeln oder sprossend.
Höhe/Breite: Bis etwa 10 cm hoch und bis maximal 2,5 cm breit.
Rippen/Warzen: Bis 13, in Höcker übergehende Rippen.
Bedornung: Bis 20 Randdornen, bis 2 mm lang, gräulich-braun. 2–6 Mitteldornen, bis 5 mm, bräunlich.
Blüte: Gelb, trichter- bis glockenförmig, bis 3 cm lang, bis 5 cm breit, in Scheitelnähe entspringend.
Heimat: Brasilien, Paraguay, Uruguay.
Standort: Hell und warm, jedoch nur während der Blüte vollsonnig stellen.
Substrat: *Frailea gracillima* benötigt ein durchlässiges, leicht saures Substrat. Mit pH-Tester kontrollieren und kalkfreie Erde verwenden.
Bewässerung: Die Wurzeln dürfen während der Vegetationszeit konstant feucht gehalten werden, Staunässe ist zu vermeiden.
Überwinterung: Hell, nicht ganz trocken und nicht unter 10 °C.
Vermehrung: Aussaat. Das Saatgut dieser Art keimt nur in frischem Zustand.
Weitere empfehlenswerte Arten: *Frailea curvispina, Frailea grahliana, Frailea horstii*

 bis 70 cm   **

Nacktkelch

Gymnocalycium-Arten

Wuchsform: Gedrückt flachkugelig bis kugelig wachsende Kakteen. Einzeln oder sprossend. Die vielgestaltige Gattung *Gymnocalycium* umfasst etwa 50 bis 60 Arten, die wiederum in sechs Untergattungen gegliedert sind.
Höhe/Breite: Je nach Art bis 70 cm hoch und bis 50 cm breit.
Rippen/Warzen: Je nach Art 5 bis über 30 Rippen, zumeist rundlich und mit kleinen Querfurchen.
Bedornung: Sehr variabel. Je nach Art 3–15 Randdornen und 0–6 Mitteldornen, gelblich, weißlich, weißlich-grau, bräunlich oder rötlich. Anliegend oder abgespreizt.
Blüte: Weiß, gelb, crèmefarben, zartrosa, grünweiß oder rot. Glocken- bis trichterförmig, meist scheitelnah. Charakteristisch sind die Schuppen an Röhre und Perikarpell.
Heimat: Argentinien, Bolivien, Brasilien, Paraguay, Uruguay.
Standort: Halbschattig bis sonnig, aber nicht vollsonnig.
Substrat: Die Pflanzen benötigen ein durchlässiges, saures, humoses und lehmiges Substrat.
Bewässerung: Während der Vegetationszeit regelmäßig wässern, jedoch nicht zu kräftig. Die Arten, vornehmlich jene mit Rübenwurzelsystem, sind teils recht empfindlich gegen Staunässe. Öfter Feuchtigkeit kontrollieren.
Überwinterung: Hell, trocken und bei 8–12 °C. Nicht unter 5 °C. Einige Arten aus Argentinien kommen mit tieferen Temperaturen allerdings gut zurecht.
Vermehrung: Aussaat, Spross-Steckling, Veredelung.
Empfehlenswerte Arten: *Gymnocalycium baldianum, Gymnocalycium leeanum, Gymnocalycium mihanovichii* var. *friedrichii*

bis 60 cm   **

Buckeliger Nacktkelch

Gymnocalycium gibbosum

Wuchsform: Kugelig bis säulig wachsender Kaktus.
Höhe/Breite: Bis 60 cm hoch, bis 16 cm breit.
Rippen/Warzen: 12–19 Rippen mit Querfurchen.
Bedornung: 7–14 Randdornen, 0–5 Mitteldornen. Gelblich bis hell bräunlich. Vom Körper abstehend.
Blüte: Weiß bis zart rötlich, trichter- bis becherförmig, bis 6,5 cm lang.
Heimat: Argentinien.
Standort: Halbschattig bis sonnig, aber nicht vollsonnig.
Substrat: Die Art benötigt ein durchlässiges, saures, humoses und lehmiges Substrat.
Bewässerung: Während der Vegetationszeit regelmäßig wässern, jedoch nicht zu kräftig. Staunässe ist zu vermeiden. Öfter Feuchtigkeit kontrollieren.
Überwinterung: Hell und trocken bei 6–12 °C. Nicht unter 5 °C.
Vermehrung: Aussaat, Spross-Steckling, Veredelung.

bis 5 cm *

Erdbeerkaktus

Gymnocalycium mihanovichii var. *friedrichii* f. 'Rubra'

Wuchsform: Kugelkaktus. Dieser beliebte und häufig im Handel erhältliche Kaktus ist die Kulturform einer Varietät des *Gymnocalycium mihanovichii*. Kann nur veredelt überleben.
Höhe/Breite: Bis 5 cm hoch, bis 6 cm breit.
Rippen/Warzen: 8, selten mehr, scharfe, gekerbte und quer gebänderte Rippen.
Bedornung: 5–6 Randdornen, gelblich-grau, bis 10 mm lang. Mitteldorn fehlt.
Blüte: Äußerlich oliv bis grünlich, innere Blüte rosa, weiß oder gelblich, trichter- bis glockenförmig, bis 5 cm lang.
Heimat: *Gymnocalycium mihanovichii* stammt aus Paraguay, die Formen ohne Chlorophyll sind jedoch reine Kulturpflanzen.
Standort: Halbschatten, aber warm.

Substrat: Entsprechend der Pfropfunterlage, meist *Hylocereus*, empfiehlt sich ein durchlässiges, lehmiges und leicht humoses Substrat.
Bewässerung: In der Vegetationsperiode sollte die Pflanze regelmäßig gegossen werden, Staunässe ist zu vermeiden.
Überwinterung: Hell, nicht ganz trocken und nicht unter 10 °C.
Vermehrung: Sprossveredelung.
Besonderheit: Bei der Pflanze handelt es sich um eine Mutation, die in den Vierzigerjahren in Japan spontan entstanden ist und seither durch Sprosspfropfung vermehrt wird. Der Erdbeerkaktus enthält kein Chlorophyll, ist also in nicht veredeltem Zustand nicht überlebensfähig. Die zahlreich entstehenden Sprösslinge lassen sich leicht abnehmen und auf einer kräftigen Unterlage vermehren. Mittlerweile existiert diese Varietät auch in weiteren Farben, so gibt es zum Beispiel die gelbe Form 'Aurea' und andere.

 bis 4 m   **

Haages Cereus

Haageocereus-Arten

Wuchsform: Säulenkakteen. Verzweigend.
Höhe/Breite: Die Triebe der etwa 10 Arten werden 2–4 m hoch und bis etwa 10 cm breit.
Rippen/Warzen: Je nach Art 12–26 Rippen.
Bedornung: Bis 60 Randdornen, bis etwa 12 Mitteldornen. Weiß, grau, gelb, braun oder rötlich. Je nach Art tragen die Pflanzen ein dichtes Dornen- bzw. Borstenkleid.
Blüte: Weiß, rot, rosa, grünlich oder grünlichweiß, mitunter auch zweifarbig (unterschiedliche Töne der Innen- und Außen-Blütenblätter), trichterförmig, tag- oder nachtblühend.
Heimat: Chile, Peru.
Standort: Sonnig, warm und luftig.
Substrat: *Haageocereen* benötigen ein durchlässiges und lehmiges Substrat.
Bewässerung: Ausreichend bewässern. Aber: Die Pflanzen genießen von Ende Juli bis Ende August eine Ruhezeit, in der sie nur sehr sparsam gegossen werden.
Überwinterung: Trocken und kühl bei etwa 5–10 °C.
Vermehrung: Aussaat oder Kopfsteckling.
Besonderheit: Manche Autoren schreiben der Gattung *Haageocereus* fünfzig und mehr Arten zu. Diese Vielfalt an Spezies ist jedoch nach derzeitigem Kenntnisstand nicht haltbar. Die meisten Arten sind eher als Varietäten eines Komplexes von insgesamt etwa zehn Spezies zu betrachten.
Empfehlenswerte Arten: *Haageocereus multangularis, Haageocereus pacalaensis, Haageocereus versicolor*

bis 7 m **

Harrisien, Applecactus

Harrisia-Arten

Wuchsform: Strauchig, kletternd oder baumförmig wachsende Säulenkakteen.
Höhe/Breite: Je nach Art bis 7 m hoch.
Rippen/Warzen: Je nach Art 5–12 Rippen.
Bedornung: Die etwa 10 Arten umfassende Gattung *Harrisia* weist eine sehr variable Bedornung auf. 6–17 Dornen pro Areole, weiß bis zartrosa, gelb bis bräunlich oder grau bis schwarz.
Blüte: Weiß oder rosa, beschuppt, trichterförmig, je nach Art 12–22 cm lang und bis 12 cm breit, nachtblühend.
Heimat: Bahamas, Große Antillen, USA.
Standort: Sonnig und warm. Im Sommer gern im Freien.
Substrat: *Harrisia*-Arten benötigen ein durchlässiges, mineralisches und humoses Substrat.
Bewässerung: Regelmäßig und kräftig, jedoch Staunässe vermeiden! Öfter kontrollieren.
Überwinterung: Trocken und kühl bei 8–12 °C.
Vermehrung: Aussaat und Steckling.
Empfehlenswerte Arten: *Harrisia brookii, Harrisia gracilis, Harrisia tortuosa*

 bis 3 m   *

Wollcereus, Mooncactus

Harrisia martinii, Syn. Eriocereus martinii

Wuchsform: Niederliegender oder kletternder Säulenkaktus.
Höhe/Breite: Triebe bis etwa 3 m lang, bis 4 cm dick.
Rippen/Warzen: Triebe mit 4–5 Rippen.
Bedornung: 5–7 Randdornen, bis 6 mm, 1–3 Mitteldornen, bis 3,5 cm, zunächst bräunlich, im Alter grau.
Blüte: Weiß, trichterförmig, bis 18 cm breit, nachtblühend.
Heimat: Argentinien, Paraguay.
Standort: Sonnig und warm. *Harrisia martinii* hat durch seine langen Triebe einen recht großen Platzanspruch und eignet sich daher ab einem gewissen Alter für die Wohnzimmerkultur nur bedingt. Kletternde Triebe können mit einer Rankhilfe abgestützt werden.

Substrat: Dieser Kaktus ist sehr pflegeleicht. Er gedeiht in handelsüblicher Kakteenerde.
Bewässerung: Während der Vegetationsperiode will die Pflanze regelmäßig kräftig gewässert werden, dabei ist Staunässe zu vermeiden.
Überwinterung: Hell, nicht ganz trocken bei etwa 12 °C, nicht jedoch unter 10 °C.
Vermehrung: Aussaat oder Kopfsteckling.
Weitere empfehlenswerte Art: Diese Art wird meist unter ihrem alten Namen *Eriocereus martinii* im Handel angeboten.

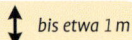

bis etwa 1 m

Osterkaktus

Hatiora gaertneri, Syn. *Rhipsalidopsis gaertneri, Epiphyllopsis gaertneri*

Wuchsform: Epiphytischer, strauchig und zunächst aufrecht, bald überhängend wachsender, gabelig verzweigender Kaktus.
Höhe/Breite: Die blattartigen, eiförmigen bis elliptischen und breit-linealischen Glieder werden bis 2,5 cm breit, bis etwa 7 cm lang. Die Pflanze wird bis über 1 m lang oder hoch.
Rippen/Warzen: Obere Glieder mit 3–6 Kerben pro Seite, keine Rippen oder Warzen vorhanden.
Bedornung: 1–12 borstige Dornen pro Areole.
Blüte: Scharlachrot, trichterförmig, bis 7,5 cm lang.
Heimat: Brasilien.
Standort: Der Osterkaktus ist ein sehr dankbarer Kaktus, der sowohl am sonnigen Fenster als auch im eher dunklen Treppenhaus gedeiht. Im Sommer gern draußen im Halbschatten.
Substrat: Die Art benötigt ein durchlässiges, nährstoffreiches, humoses Substrat.
Bewässerung: Während des Sommers kräftig und regelmäßig.
Überwinterung: Nicht ganz trocken bei 5–10 °C.
Vermehrung: Aussaat oder Steckling. Die blattartigen Triebe lassen sich vorzüglich bewurzeln.
Besonderheit: Es gibt zahlreiche Hybridformen dieser Art. Wird im Handel oft unter ihrem alten Namen *Rhipsalidopsis gaertneri* angeboten.
Weitere empfehlenswerte Art: *Hatiora herminiae*

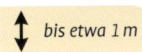

Keulen-Binsenkaktus, Korallenkaktus

Hatiora salicornioides

Wuchsform: Epiphytischer, buschig wachsender Kaktus.
Höhe/Breite: Die keulenförmigen, gliedrig erscheinenden Triebe werden bis 3 cm lang und bis 1 cm dick. Die Pflanze wird bis über 1 m hoch oder lang.
Rippen/Warzen: Keine.
Bedornung: Anstatt einer Bedornung entspringen den Areolen weiße Borsten.
Blüte: Gelb, trichterförmig-glockig, bis zu 1,5 cm lang.
Heimat: Brasilien.
Standort: Halbschattig, aber warm.
Substrat: Die Pflanze gedeiht gut in handelsüblicher Kakteenerde, die zu einem Teil mit torfigem Zierpflanzensubstrat angereichert wurde.
Bewässerung: Diese recht langsamwüchsige Art benötigt eine stete Feuchtigkeit und deshalb regelmäßige Wassergaben. Staunässe ist zu vermeiden.
Überwinterung: Hell, weniger feucht, aber keinesfalls trocken, bei 5–10 °C.
Vermehrung: Aussaat, Stecklinge oder Veredelung.
Besonderheit: Die nach der Blüte entstehende Frucht ist von weißer Farbe und weist ein rötliches Top auf (Erkennungsmerkmal!).

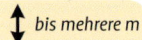

Waldcereus

Hylocereus undatus

Wuchsform: Meist dreiflügeliger Schlangenkaktus.
Höhe/Breite: Die Triebe werden bis zu mehreren Metern lang und bis 12 cm dick.
Rippen/Warzen: Keine.
Bedornung: 1–3 Dornen pro Areole, bräunlich bis schwarz, bis 4 mm lang.
Blüte: Innen weiß, außen grün-gelblich, bis 30 cm lang, nachtblühend.
Heimat: Nicht bekannt. Die Arten der Gattung *Hylocereus* kommen aber in Zentral- und Südamerika sowie Westindien vor, sodass davon ausgegangen werden kann, dass auch *Hylocereus undatus* dort seinen Ursprung findet.
Standort: Halbschatten bis sonnig, warm. Eine Rankhilfe ist für größere Exemplare vorteilhaft.
Substrat: *Hylocereus* gedeiht gut in einer Mischung aus handelsüblicher Kakteenerde und einem Standard-Zierpflanzensubstrat.
Bewässerung: Die Art möchte warm und feucht, nicht aber nass stehen. Sommerliche Besprühungen dankt das Gewächs.
Überwinterung: Hell und bei etwa 12 °C, keinesfalls aber unter 10 °C. Das Substrat sollte auch in der Überwinterung nie ganz austrocknen, von Zeit zu Zeit darf die Pflanze sparsam besprüht werden.
Vermehrung: Aussaat oder Steckling.
Besonderheiten: Der Kaktus wird wegen seiner essbaren und schmackhaften Früchte (Pitahaya oder Drachenfrucht) in den wärmeren Zonen häufig angebaut. Im Gartenfachhandel erhält man den Erdbeerkaktus aus der Gattung *Gymnocalycium* zumeist auf *Hylocereus undatus* bzw. auf dessen Verwandten *Hylocereus trigonus* gepfropft.
Weitere empfehlenswerte Art: *Hylocereus trigonus*

 bis 2 m

Schuppenkaktus, Korallenkaktus

Lepismium houlletianum,
Syn. *Rhipsalis houlletianum*

Wuchsform: Epiphytisch wachsende, reich verzweigte, aufrechte oder überhängende Kakteen. Wie *Rhipsalis*.
Höhe/Breite: Die blattartigen Sprosse werden bis 20 cm lang und bis 4 cm breit. Der ganze Strauch kann Dimensionen von bis zu 2 m erreichen.
Rippen/Warzen: Die Glieder dieser Art sind gezahnt, Rippen sind nicht vorhanden.
Bedornung: Keine.
Blüte: Weiß oder crèmefarben-gelblich, trichterförmig, bis 2 cm lang.
Heimat: Argentinien, Brasilien.
Standort: Halbschatten bis sonnig. Gute Ampelpflanzen.
Substrat: *Lepismium* benötigt wie *Rhipsalis* ein nährstoffreiches, humoses Substrat.
Bewässerung: Die Art darf konstant feucht gehalten werden, gegen Ende der Sommermonate etwas weniger gießen.
Überwinterung: Keine besonderen Maßnahmen notwendig. *Lepismium houlletianum* genießt gegen Ende der Sommermonate eine kurze Ruhephase, in der weniger gegossen wird. Im Winter blüht die Art dann.
Vermehrung: Aussaat oder Steckling.
Besonderheit: Die Gattung *Lepismium* wird von einigen Autoren als zu *Rhipsalis* zugehörig beschrieben. Daher findet man *Lepismium*-Arten häufig als *Rhipsalis*-Spezies.
Weitere empfehlenswerte Arten: *Lepismium cruciforme* und alle *Rhipsalis*-Arten.

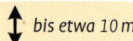

bis etwa 10 m   **

Schmalrippige Cereen

Leptocereus-Arten

Wuchsform: Verzweigende, aufrecht oder niederliegend wachsende Säulenkakteen.
Höhe/Breite: Einige der etwa 10 Arten werden bis über 10 m hoch.
Rippen/Warzen: Je nach Spezies 3–9 Rippen.
Bedornung: Variabel, je nach Art bis 5 cm lang und schlank. Gelblich bis rotbraun, bräunlich bis schwarz.
Blüte: Weißlich-grün bis gelb, röhrenförmig, seitlich, bis 7 cm lang, bis 3,5 cm breit. Äußerlich beschuppt.
Heimat: Culebra, Hispaniola, Kuba, Puerto Rico.
Standort: Sonnig und warm. Idealerweise im Gewächshaus. Nur Jungpflanzen lassen sich auf der Fensterbank pflegen.
Substrat: Die Arten benötigen ein durchlässiges, mineralisches Substrat.
Bewässerung: Während der Vegetationsperiode regelmäßig und kräftig, Substrat zwischendurch immer durchtrocknen lassen, Staunässe vermeiden.
Überwinterung: Trocken und kühl bei 8–12 °C.
Vermehrung: Aussaat oder Steckling.
Besonderheit: *Leptocereus quadricostatus* steht auf der Roten Liste der gefährdeten Arten der International Union for Conservation of Nature and Natural Resources. Die Pflanze ist vom Aussterben bedroht.
Empfehlenswerte Arten: *Leptocereus quadricostatus, Leptocereus weingartianus*

 bis 70 cm

Prismenkaktus
Leuchtenbergia principis

Wuchsform: Zylindrisch wachsender, agavenartig aussehender Warzenkaktus.
Höhe/Breite: Die einzige Art ihrer Gattung wird bis 70 cm hoch, der Stamm wird bis 8 cm breit.
Rippen/Warzen: Warzen dreikantig, aufrecht, bis 12 cm lang.
Bedornung: Papierartige Dornen, unregelmäßig verdreht. 8–14 Randdornen, bis 15 cm lang, weiß bis gelblich-bräunlich. 1–2 Mitteldornen, bis 10 cm lang.
Blüte: Gelb, bis 8 cm lang, trichterförmig, bis 6 cm breit, duftend.
Heimat: Zentral- und Nordmexiko.
Standort: Sonnig und warm.
Substrat: Die Pflanze benötigt ein durchlässiges, mineralisches und lehmiges Substrat.
Bewässerung: Regelmäßig, aber immer nur wenig. Es empfiehlt sich, *Leuchtenbergia* von unten zu gießen.
Überwinterung: Trocken und kühl bei 8–10 °C.
Vermehrung: Aussaat.
Besonderheit: *Leuchtenbergia principis* enthält pharmakologisch aktive Wirkstoffe, die medizinisch und rituell genutzt werden. So nutzt die mexikanische Ethnomedizin die Pflanze zum Beispiel als Antidepressivum und Psychotherapeutikum sowie zur Heilung von Wunden.

 bis 15 cm   **

Lobivie

Lobivia-Arten, Syn. *Echinopsis*

Wuchsform: Kugelige und flachkugelige bis zylindrische, einzeln oder sprossend wachsende Kakteen. Sehr variable Gattung. 40–70 Arten.
Höhe/Breite: *Lobivia*-Arten werden meist nur bis maximal 15 cm hoch und breit.
Rippen/Warzen: Je nach Art bis über 30, häufig schräg gehöckerte Rippen.
Bedornung: Sehr variabel. Gelblich bis bräunlich bis schwarz.
Blüte: Weiß, rot oder gelb, trichter- bis glockenförmig, beschuppt, kurze Röhre.
Heimat: Argentinien, Bolivien, Peru.
Standort: Hell, aber nicht zu warm. Im Sommer gern im Freien.
Substrat: Die Arten benötigen ein durchlässiges, mineralisches, leicht saures Substrat.
Bewässerung: Während der Vegetationszeit regelmäßig und kräftig, Staunässe ist jedoch unbedingt zu vermeiden. Einige Arten gehören zu den Rübenwurzlern, z. B. *Lobivia chrysantha*, *Lobivia jajoiana* und *Lobivia marsoneri*. Diese Arten dürfen nicht zu feucht gehalten werden und müssen vorsichtig gegossen werden.
Überwinterung: Trocken, hell und kühl bei 6–8 °C. Abgehärtet kultivierte Pflanzen sind frosthart.
Besonderheit: Die Lobivien sind sehr robuste, blühwillige Pflanzen und gut für die Kultur geeignet. Die Gattung *Lobivia* wurde wissenschaftlich mittlerweile zur Gattung *Echinopsis* gestellt.
Empfehlenswerte Arten: *Lobivia hertrichiana*, *Lobivia pentlandii*, *Lobivia sanguiniflora*

bis 10 cm **

Lobivie

Lobivia hertrichiana,
Syn. *Echinopsis hertrichiana*

Wuchsform: Kugeliger bis walzenförmiger, einzeln oder sprossend wachsender Kaktus.
Höhe/Breite: Bis 10 cm hoch, bis 8 cm breit.
Rippen/Warzen: Bis 22 schräg gehöckerte oder gerade Rippen.
Bedornung: 5–14 Randdornen, bis 2 cm lang. 1–7 Mitteldornen, bis 3 cm lang. Gelblich bis hellbraun oder grau.
Blüte: Violett oder rot mit hellem Schlund, gelegentlich orange, rosa oder gelb, röhrenförmig, bis 7 cm lang, bis 4 cm breit, seitlich.
Heimat: Bolivien, Chile, Peru.
Standort: Nicht vollsonnig, aber hell. Im Sommer gern draußen.
Substrat: *Lobivia hertrichiana* benötigt ein durchlässiges, mineralisches, leicht saures Substrat.
Bewässerung: Regelmäßig und kräftig, Staunässe vermeiden!
Überwinterung: Trocken, hell und kühl bei 6–8 °C.
Vermehrung: Aussaat oder Steckling.
Besonderheit: Die Gattung *Lobivia* wurde wissenschaftlich mittlerweile zur Gattung *Echinopsis* gestellt.
Weitere empfehlenswerte Arten: *Lobivia kuehnrichii, Lobivia jajoiana*

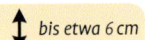

bis etwa 6 cm **

Peyote, „Rauschgiftkaktus"

Lophophora williamsii

Wuchsform: Flachkugelig bis kugelig, im Alter zuweilen gestreckt wachsender Kaktus. Einzeln oder sprossend.
Höhe/Breite: Bis etwa 8 cm breit, bis etwa 6 cm hoch.
Rippen/Warzen: 5–13 Rippen, gerundet oder gerade, mit flachen Warzen.
Bedornung: Nur in der Jugend sind die Areolen gelegentlich mit kleinen Dornen besetzt. Später entwachsen ihnen gelblich-weiße Haarbüschel.
Blüte: Rosa, manchmal auch weißlich, kurztrichterig, bis 3 cm lang, bis 2,5 cm breit.
Heimat: Mexiko, USA.
Standort: Sonnig und warm, jedoch gegen direkten Sonneneinfall etwas geschützt.
Substrat: Die Pflanze hat eine Rübenwurzel und benötigt ein durchlässiges, mineralisches Substrat.
Bewässerung: Regelmäßig, aber immer nur sparsam. Öfter kontrollieren.
Überwinterung: Trocken und kühl bei 6–12 °C.
Vermehrung: Aussaat, Sprosssteckling.
Besonderheit: *Lophophora williamsii* ist in Südamerika unter dem Namen Peyote oder Peyotl bekannt. Der Kaktus enthält das psychoaktive Alkaloid Meskalin sowie eine Vielzahl weiterer pharmakologisch aktiver und inaktiver Verbindungen. Getrocknete Exemplare werden von Angehörigen indigener Stämme zu rituellen Zwecken verspeist und induzieren stark psychedelische Wirkungen.
Weitere empfehlenswerte Arten: Wissenschaftler streiten, ob es nur eine oder mehrere Arten innerhalb der Gattung gibt. Weitere Spezies wären *Lophophora diffusa*, *L. fricii* und *L. viridescens*.

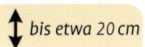

Maihuenie

Maihuenia poeppigii

Wuchsform: Strauchig wachsende, niedrige, rasenförmige Kakteen.
Höhe/Breite: Die Art wird etwa 20 cm hoch und bildet Rasen von bis zu 3 m. Die kugelförmigen bis zylindrischen Glieder sind bis 6 cm lang und bis 1,5 cm breit.
Rippen/Warzen: Keine.
Bedornung: 2 kurze Randdornen, ein Mitteldorn, bis 2 cm lang.
Blüte: Gelb, radförmig, gestielt, bis 3 cm lang.
Heimat: Chile.
Standort: Sonnig und warm. Im Sommer gern im Freien. Winterhartes Gewächs, kann grundsätzlich ins Freiland gepflanzt werden.
Substrat: Die Art benötigt ein durchlässiges, mineralisches Substrat. Eine gewissenhafte Drainage ist Pflicht.
Bewässerung: Regelmäßig, aber sparsam. Das Substrat sollte idealerweise stets feucht sein. Staunässe ist jedoch zu vermeiden. Am besten von unten gießen.
Überwinterung: *Maihuenia poeppigii* ist winterhart und erhält auch im Winter mäßige Wassergaben.
Vermehrung: Aussaat oder Steckling.
Weitere empfehlenswerte Art: *Maihuenia patagonica*

 bis 20 cm   **

Warzenkakteen

Mammillaria-Arten

Wuchsform: Kugelige bis kurzsäulige, aufrecht bis niederliegend wachsende Kakteen. Einfach oder sprossend. Sehr variable Gattung mit etwa 200 Arten.
Höhe/Breite: Sehr variabel. Je nach Art und Alter 1 cm Höhe bis 2 m Länge. Die meisten Arten werden bis maximal 20 cm hoch und bis 12 cm breit.
Rippen/Warzen: Schräg angeordnete Warzen, zylindrisch oder konisch.
Bedornung: Je nach Art bis über 100 Dornen, weißlich bis gelblich, rötlich, bräunlich bis dunkelbraun. Mitteldorn häufig hakenförmig.
Blüte: Rosa bis rot, weißlich bis gelb, glocken- bis trichterförmig, 2–5 cm lang, häufig gestreift. Entspringen den Axillen am Grund der Warzen.

Heimat: Mexiko, USA, Westindische Inseln, Südamerika.
Standort: Dicht bedornte Arten wollen sonnig und warm stehen, weniger dicht bewehrte Arten hingegen eher im Halbschatten.
Substrat: Die Arten benötigen ein durchlässiges, mineralisches und nährstoffreiches Substrat mit Sandzuschlag.
Bewässerung: Während der Vegetationsphase regelmäßig, Staunässe ist zu vermeiden.
Überwinterung: Fast trocken bei 5–10 °C. Wassergaben nur selten und sparsam. Einige Arten, z. B. *Mammillaria albicans, Mammillaria blossfeldiana, Mammillaria plumosa* und *Mammillaria schiedeana*, werden jedoch wärmer und etwas feucht überwintert.
Vermehrung: Aussaat, Sprossableger.
Empfehlenswerte Arten: Es existiert eine ganze Reihe pflegeleichter *Mammillaria*-Arten, z.B. *Mammillaria bocasana, Mammillaria elongata, Mammillaria spinosissima*.

 bis 20 cm

Seidenkaktus
Mammillaria bombycina

Wuchsform: Kugelig bis gestreckt länglich wachsender Kaktus. Einzeln oder sprossend.
Höhe/Breite: Bis 20 cm hoch, bis 6 cm breit.
Rippen/Warzen: Konische bis zylindrige Warzen. Spiralförmig angeordnet. Wollige Axillen.
Bedornung: Bis 40 Randdornen, weiß. 2–4 Mitteldornen, weiß bis gelblich, einer davon auffallend hakig und etwa 2 cm lang.
Blüte: Hellpurpur bis rosafarben oder karmin, trichterförmig, bis 1,5 cm lang und breit, um den Scheitel als Kranz angeordnet.
Heimat: Mexiko.
Standort: Sonnig und warm. Toleriert zur Not auch halbschattige Standorte.
Substrat: *Mammillaria bombycina* benötigt ein durchlässiges und mineralisches Substrat, Sand- und Perlite-Zuschläge sind von Vorteil.

Bewässerung: Regelmäßig und kräftig, Staunässe ist zu vermeiden.
Überwinterung: Hell und fast trocken bei etwa 10 °C.
Besonderheit: Diese Art ist ganz besonders häufig in Garten- und Baumärkten zu finden.
Vermehrung: Aussaat oder Spross-Steckling.

 8–15 cm   **

Warzenkaktus

*Mammillaria glochidiata,
Syn. Mammillaria wildii*

Wuchsform: Kugelig bis oval wachsender Kaktus. Reich sprossend.
Höhe/Breite: 8–15 cm hoch, bis 7 cm breit.
Rippen/Warzen: Walzenförmige Warzen, bis 1,3 cm lang, bis 6 mm dick. Den Axillen entspringen haarige Borsten.
Bedornung: Bis 20 Randdornen, weiß. 3–4 Mitteldornen, gelb bis braun, einer davon hakig.
Blüte: Weiß oder rosa, trichterförmig, bis 1,5 cm lang und genauso breit. Flor ist als Kranz um den Scheitel angeordnet.
Heimat: Mexiko.
Standort: Sonnig und warm, vor praller Sonne jedoch leicht geschützt.
Standort: *Mammillaria glochidiata* benötigt wie *Mammillaria bombycina* ein durchlässiges und mineralisches Substrat, das ggf. um Sand- und Perlite-Zuschläge bereichert ist.
Bewässerung: Regelmäßig und kräftig, Staunässe ist zu vermeiden.
Überwinterung: Hell und fast trocken bei etwa 10 °C.
Vermehrung: Aussaat oder Spross-Steckling.
Weitere empfehlenswerte Arten: *Mammillaria elegans, Mammillaria gracilis, Mammillaria heyderi, Mammillaria longimamma*

 bis 30 cm   **

Matucana

Matucana madisoniorum

Wuchsform: Kugelig bis kurzsäulig wachsender Kaktus.
Höhe/Breite: Diese Pflanze wird bis 30 cm hoch und bis 15 cm breit.
Rippen/Warzen: 7–12 Rippen, anfangs gekerbt.
Bedornung: 0–5 Dornen, gebogen, braun bis schwarz, bis 6 cm lang.
Blüte: Zinnoberrot, auffallend leuchtend, langröhrig, beschuppt, bis 10 cm lang.
Heimat: Peru.
Standort: Sonnig und warm. Die Art liebt regelmäßige Lüftungen.
Substrat: Die Spezies benötigt ein durchlässiges, mineralisches Substrat.
Bewässerung: Während der Vegetationszeit regelmäßig und kräftig, immer wenn das Substrat vollständig durchgetrocknet ist. Staunässe jedoch vermeiden!
Überwinterung: Hell und trocken bei 6–12 °C.
Vermehrung: Aussaat.
Weitere empfehlenswerte Arten: *Matucana aureiflora, Matucana ritteri*

bis etwa 50 cm **

Melonenkaktus

Melocactus-Arten

Wuchsform: Kugelige, später auch säulenförmig wachsende Kakteen. Die Arten tragen im Alter ein wolliges Cephalium.
Höhe/Breite: Die etwa 30 Spezies werden je nach Art und Alter bis über 50 cm hoch und bis über 25 cm breit. Der aus dem Cephalium im Alter entstehende Borstenschopf einiger Melokakteen kann bis 1,5 m hoch werden.
Rippen/Warzen: Bis über 20 Rippen, je nach Spezies scharfkantig, gefurcht, gedreht, gehöckert, gerade oder spiralförmig.
Bedornung: Je nach Art gerade oder gebogen, bis 3 cm lang. Häufig bis zu 11 Randdornen und bis zu 4 Mitteldornen. Weiß bis gelblich, rötlich bis braun.
Blüte: Rosafarben bis rot, röhrenförmig, die Länge der Blüten variiert von wenigen Millimetern bis über 4 cm.
Heimat: Mexiko, Zentral- und Südamerika, Westindische Inseln.
Standort: Sonnig, hell und sehr warm. Im Sommer gern im Freien.
Substrat: Melokakteen benötigen ein durchlässiges, mineralisches und lehmiges Substrat.
Bewässerung: Während der Vegetationsperiode regelmäßig, aber sparsam gießen. Das Substrat nie zu feucht halten, jedoch auch nie längere Zeit ganz trocken stehen lassen.
Überwinterung: Hell und nicht ganz trocken bei etwa 15 °C.
Vermehrung: Aussaat.
Besonderheit: Melokakteen sind recht anspruchsvolle Pflanzen und für den Anfänger nur bedingt zu empfehlen.
Empfehlenswerte Arten: *Melocactus curvispinus*, *Melocactus glaucescens*

 bis 9 cm

Kubanischer Melonenkaktus
Melocactus matanzanus

Wuchsform: Kugelig wachsender Kaktus. Die Art trägt im Alter ein wolliges, orange-rotes Cephalium.
Höhe/Breite: Bis 9 cm hoch und breit.
Rippen/Warzen: 8–9 scharfkantige Rippen, zuweilen auch mehr.
Bedornung: 7–8 Randdornen, bis 2 cm lang, 1 Mitteldorn, bis 2 cm. Weißlich bis grau.
Blüte: Rosa, röhrenförmig, bis etwa 2 cm lang.
Heimat: Kuba.
Standort: Sonnig, hell und sehr warm. Im Sommer gern im Freien.
Substrat: Die Art benötigt ein durchlässiges, mineralisches und lehmiges Substrat.
Bewässerung: Während der Vegetationsperiode regelmäßig, aber nie zu viel gießen. Das Substrat darf weder zu nass noch über einen längeren Zeitraum ganz trocken sein.
Überwinterung: Hell und nicht ganz trocken bei etwa 15 °C.
Vermehrung: Aussaat.

bis 15 cm   **

Mila

Mila caespitosa

Wuchsform: Zwergiger, kurzsäuliger und sprossender, polsterbildender Kaktus.
Höhe/Breite: Bis 15 cm hoch, bis 3 cm breit.
Rippen/Warzen: Triebe meist mit 10 Rippen.
Bedornung: Bis über 20 Randdornen, bis 1 cm lang, weiß mit gelblicher bis bräunlicher Spitze. 1–3 Mitteldornen, bis 3 cm lang.
Blüte: Gelb, später rötlich-gelb, trichterförmig, bis 3 cm lang, bis 3 cm breit.
Heimat: Peru.
Standort: Leicht halbschattig und warm. Während der Sommermonate gern im Freien.
Substrat: Die Art benötigt ein durchlässiges, sandiges Substrat.
Bewässerung: Während der Vegetationsperiode regelmäßig und kräftig. Staunässe ist dringend zu vermeiden.

Überwinterung: Hell und trocken bei 8–10 °C.
Vermehrung: Aussaat oder Steckling.

Heidelbeerkaktus

Myrtillocactus geometrizans

Wuchsform: Baumförmiger, verzweigend wachsender Säulenkaktus.
Höhe/Breite: Bis 6 m hoch, Triebe bis 10 cm, Stamm bis 50 cm breit.
Rippen/Warzen: Stamm und Triebe mit bis zu 9 Rippen.
Bedornung: Bis 9 Randdornen, bis 1 cm lang. 1 Mitteldorn, bis 7 cm lang. Zunächst schwarz, später grau.
Blüte: Weiß bis grünlich-weiß, bis 9 cm lang, bis 3,5 cm breit, mehrere Blüten pro Areole.
Heimat: Mexiko, Guatemala.
Standort: Sonnig und sehr warm. Während der warmen Monate gern im Freien.
Substrat: *Myrtillocactus* benötigt ein durchlässiges, sandiges Substrat.
Bewässerung: Während der Vegetationszeit regelmäßige kräftige Wassergaben, Staunässe vermeiden!
Überwinterung: Hell, nicht ganz trocken und nicht unter 10 °C.
Vermehrung: Aussaat oder Steckling.
Besonderheiten: Der Heidelbeerkaktus bildet dunkle, essbare und wohlschmeckende Beerenfrüchte aus. Da diese sehr an Heidelbeeren erinnern, hat die Gattung den Namen *Myrtillocactus*, also Heidelbeerkaktus, erhalten (Heidelbeere = botanisch *Vaccinium myrtillus*). Besonders apart sind die Cristat-Formen dieser Art.
Weitere empfehlenswerte Arten: *Myrtillocactus eichlamii, Myrtillocactus schenckii*

bis 13 m   *

Neobuxbaumie
Neobuxbaumia polylopha

Wuchsform: Einzeln wachsender, unverzweigter Säulenkaktus.
Höhe/Breite: Bis 13 m hoch, am Grund bis 50 cm breit. In Kultur erreichen die Pflanzen solche Ausmaße allerdings nicht.
Rippen/Warzen: Bis zu 50 Rippen, leicht gebuchtet und gerundet.
Bedornung: 7–9 Randdornen, bis 2 cm lang, biegsam, zunächst gelblich bis bräunlich, später grau. 0–1 Mitteldorn.
Blüte: Rot, bis 6 cm lang, bis 3,5 cm breit. Zylindrisch bis glockig, entspringt in Scheitelnähe.
Heimat: Mexiko.
Standort: Sonnig und warm, im Sommer gern im Freien.
Substrat: *Neobuxbaumia* benötigt ein durchlässiges, nährstoffreiches Substrat, Zuschlag von Ziegelgrus ist vorteilhaft.
Bewässerung: Während der Vegetationsperiode kräftig wässern, Staunässe jedoch vermeiden.
Überwinterung: Hell und trocken bei 10–15 °C.
Vermehrung: Aussaat, Steckling.
Weitere empfehlenswerte Art: *Neobuxbaumia euphorbioides*

 bis 10 cm   **

Neolloydie, Chihuahuan Beehive

Neolloydia conoidea

Wuchsform: Kugelig bis zylindrisch wachsender Warzenkaktus. Einzeln oder sparsam sprossend.
Höhe/Breite: Bis 10 cm hoch, bis 5 cm breit.
Rippen/Warzen: Eiförmige, locker angeordnete Warzen, die im Alter eine Furche aufweisen.
Bedornung: Bis 25 Randdornen, strahlig angeordnet, platt, bis 6 mm lang, weiß, im Alter grau. 0–3 Mitteldornen, schwarz, bis 3 cm lang.
Blüte: Violett-rot, trichterförmig, bis 6 cm lang, bis 3 cm breit. Entspringt in Scheitelnähe.
Heimat: Mexiko, USA.
Standort: Sonnig und warm, während des Sommers gern draußen.
Substrat: Diese Art benötigt ein durchlässiges, mineralisches Substrat mit Lehmzuschlag.
Bewässerung: Regelmäßige Bewässerung, das Substrat darf jedoch zwischendurch kurz austrocknen. Staunässe dringend vermeiden – am besten nur von unten gießen.
Überwinterung: Hell und trocken bei 8–10 °C.
Besonderheit: Wissenschaftler sind nicht einig, ob die Gattung *Neolloydia* aus nur dieser einen Spezies besteht, oder ob bis zu acht weitere Arten dazugestellt werden. Einige Arten der Gattung hören mittlerweile auf den Gattungsnamen *Turbinicarpus*.
Vermehrung: Aussaat, Veredelung.

 bis etwa 1 m   *

Buckelkakteen

Notocactus-Arten, Syn. Parodia

Wuchsform: Flachkugelig bis säulenförmig wachsende Kakteen. Einzeln oder sprossend.
Höhe/Breite: Die etwa 25 Arten werden je nach Spezies und Alter bis etwa 1 m hoch und bis etwa 20 cm breit. Auf der Fensterbank erreichen die Gewächse solche Größen jedoch nicht.
Rippen/Warzen: Je nach Art weisen Notokakteen 6–60 Rippen auf.
Bedornung: Variable Bedornung, je nach Spezies nadelförmig bis borstig, hakig oder gerade. Weiß, gelb, braun oder schwarz.
Blüte: Gelb, zuweilen rötlich, meist mit roten Narbenstrahlen, bis 8 cm lang, bis 6 cm breit, beschuppt. Entspringen oft zu mehreren in Scheitelnähe.
Heimat: Argentinien, Brasilien, Paraguay, Uruguay.
Standort: Sonnig und warm, ggf. Schutz vor praller Sonne.
Substrat: Notokakteen benötigen ein durchlässiges, nährstoffreiches und humoses Substrat.
Bewässerung: Während der Vegetationsperiode kräftig, Staunässe vermeiden.
Überwinterung: Hell und nicht ganz trocken bei 10–15 °C.
Vermehrung: Aussaat oder Spross-Steckling.
Besonderheit: Die Gattung *Notocactus* wurde wissenschaftlich mittlerweile zur Gattung *Parodia* gestellt.
Empfehlenswerte Arten: *Notocactus minimus, Notocactus scopa, Notocactus uebelmannianus*

bis 1 m   *

Buckelkaktus, Goldsäule, Golden Ball Cactus

Notocactus leninghausii, Syn. *Eriocactus leninghausii*, *Parodia leninghausii*

Wuchsform: Kugelig bis säulig wachsender Kaktus. Einzeln oder sprossend. Auffällig ist der schiefe Scheitel dieser Pflanze.
Höhe/Breite: Im Alter bis 1 m hoch und bis 10 cm breit.
Rippen/Warzen: Bis 30 leicht gekerbte, stumpfe Rippen.
Bedornung: Bis 15 Randdornen, bis 1 cm lang. Bis 4 Mitteldornen, rückwärts stehend, bis 4 cm lang. Goldgelb.
Blüte: Gelb, trichterförmig bis glockig, bis 5 cm lang, bis 6 cm breit.
Heimat: Brasilien.
Standort: Sonnig und warm, es empfiehlt sich ein Schutz vor praller Sonne.

Substrat: *Notocactus leninghausii* benötigt ein durchlässiges, nährstoffreiches und humoses Substrat.
Bewässerung: Während der Vegetationsperiode kräftig, Staunässe vermeiden.
Überwinterung: Hell und nicht ganz trocken bei 10–15 °C.
Vermehrung: Aussaat oder Spross-Steckling.
Besonderheit: Die Gattung *Notocactus* wurde wissenschaftlich mittlerweile zur Gattung *Parodia* gestellt.
Weitere empfehlenswerte Arten: *Notocactus magnificus*, *Notocactus ottonis*

bis 10 cm   ***

Artischockenkaktus, Obregonie

Obregonia denegrei

Wuchsform: Flachkugeliger, rosettenförmig wachsender Warzenkaktus.
Höhe/Breite: Bis 12 cm breit, bis 10 cm hoch.
Rippen/Warzen: Die auffälligen Warzen werden bis 1,5 cm lang und bis 2,5 cm breit.
Bedornung: In der Jugend bis zu 4 Dornen pro Areole, gebogen, borstig, bis 1,5 cm lang. Später abfallend.
Blüte: Weiß oder rosa, trichterförmig, bis 5 cm lang, bis 4 cm breit.
Heimat: Mexiko.
Standort: Halbschatten und warm. Direkte Sonne verträgt der Kaktus nicht. *Obregonia denegrei* ist für die Wohnzimmerkultur nur bedingt geeignet. Pflege im Gewächshaus empfohlen.

Substrat: Die Pflanze benötigt ein durchlässiges, mineralisches Substrat.
Bewässerung: Regelmäßig, aber sparsam. Das Substrat darf ruhig immer wieder einmal ganz durchtrocknen. Nur von unten her gießen.
Überwinterung: Hell und trocken bei 5–10 °C.
Vermehrung: Aussaat.
Besonderheiten: *Obregonia denegrei* steht auf der Roten Liste der gefährdeten Arten der International Union for Conservation of Nature and Natural Resources. Die Pflanze enthält pharmakologisch aktive Wirkstoffe und wirkt sowohl psychoaktiv als auch antibiotisch.

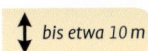

Feigenkakteen

Opuntia-Arten

Wuchsform: Baumförmig oder strauchartig wachsende Kakteen mit zylindrischen, abgeflachten, rundlichen oder keuligen Trieben. Stark sprossend.
Höhe/Breite: Die über 300 Arten der Gattung werden je nach Art und Alter 20 cm (*Opuntia fragilis*) bis etwa 10 m (*Opuntia auberi*) hoch.
Rippen/Warzen: Keine.
Bedornung: Sehr variabel. Typisch für Opuntien sind die Glochiden: kleine Dornen mit kaum sichtbaren Widerhaken, die leicht von der Areole brechen.
Blüte: Rot, Purpur, Orange und Rosa bis hin zu Gelb-, Crème- und Weißtönen verschiedenster Nuancierung und Kombination.
Heimat: Kanada, USA, Mittel- und Südamerika.
Standort: Sonnig und warm, je nach Art genügt auch Halbschatten. Einige Arten sind bei uns winterhart und können ins Freiland gepflanzt werden.
Substrat: *Opuntia*-Arten benötigen ein durchlässiges und lehmiges Substrat.
Bewässerung: Regelmäßig und kräftig, Vernebelungen tun den Pflanzen gut.
Überwinterung: Abgesehen von den winterharten Arten stehen Opuntien im Winter gern hell, nicht ganz trocken und sollten nicht unbedingt bei Temperaturen unter 8 °C untergebracht sein, je nach Spezies kann dieser Anspruch aber variieren (zwischen 5 bis 10 °C).
Vermehrung: Aussaat, Steckling.
Besonderheit: Die Feigenkakteen bilden eine äußerst variable Gattung mit über 300 Arten, die aufgrund ihres Formenreichtums in zwölf Untergattungen aufgeteilt ist. Diversen Opuntien wird medizinische Wirksamkeit zugeschrieben.
Empfehlenswerte Arten: *Opuntia acanthocarpa, Opuntia basilaris, Opuntia compressa, Opuntia elatior, Opuntia ficus-indica, Opuntia microdasys*

↕ bis 5 m 🪴 *

Feigenkaktus

Opuntia ficus-indica

Wuchsform: Strauch- bis baumförmig wachsender Kaktus mit den für Opuntien typischen ohrenförmigen Trieben.
Höhe/Breite: Diese Opuntie wird in ihrer Heimat bis 5 m hoch, und kann auch im Gewächshaus gewaltige Ausmaße annehmen. Glieder bis 50 cm lang, bis 20 cm breit.
Rippen/Warzen: Keine.
Bedornung: Die Art trägt selten Dornen. Wenn, dann bis 2 Stück pro Areole, crèmefarbengelblich.
Blüte: Gelb oder orange-rötlich, trichterförmig, bis 7 cm lang, bis 10 cm breit.
Heimat: Mittel- und Südamerika. Mittlerweile in Australien und im Mittelmeerraum verwildert.
Standort: Sonnig und warm, während des Sommers gern im Freien.
Substrat: *Opuntia*-Arten benötigen ein durchlässiges und lehmiges Substrat.
Bewässerung: Regelmäßig und kräftig, gelegentliche Vernebelung tut der Pflanze gut.
Überwinterung: Hell und trocken bei 5–10 °C.
Besonderheiten: *Opuntia ficus-indica* ist wegen seiner wohlschmeckenden Früchte beliebt. Die Kaktusfeigen gibt es auch bei uns häufig im Lebensmittelhandel. Die Pflanze enthält außerdem eine ganze Reihe von Wirkstoffen, u. a. die psychedelische Verbindung Meskalin.
Vermehrung: Aussaat, Spross-Steckling.

 bis 60 cm   *

Hasenohrkaktus
Opuntia microdasys

Wuchsform: Strauchig wachsender Kaktus mit den für Opuntien typischen ohrenförmigen Trieben.
Höhe/Breite: Bis 60 cm hoch, die eiförmig-ovalen Glieder werden bis 15 cm lang.
Rippen/Warzen: Keine.
Bedornung: Keine bzw. nur sehr selten Dornen. Typisch für die Art sind die vielen gelben Glochiden.
Blüte: Gelblich, trichterförmig, bis 5 cm breit und lang.
Heimat: Mexiko.
Standort: Sonnig und warm, im Sommer gern draußen.
Substrat: *Opuntia*-Arten benötigen ein durchlässiges und lehmiges Substrat.
Bewässerung: Regelmäßig und kräftig, gelegentliche Vernebelung tut der Pflanze gut.
Überwinterung: Hell und trocken bei 5–10 °C.
Besonderheit: Vorsicht im Umgang mit diesem Gewächs! Die kleinen Glochidenbüschel stecken blitzschnell in der Haut und sind nur schwer wieder zu entfernen!
Vermehrung: Aussaat, Spross-Steckling.

 bis 2 m   ★★★

Bergcereus

Oreocereus celsianus

Wuchsform: Verzweigend wachsender Säulenkaktus.
Höhe/Breite: Triebe bis 2 m hoch, bis 12 cm dick.
Rippen/Warzen: 10–25 gehöckerte Rippen.
Bedornung: 7–9 Randdornen, gelblich, im Alter dunkler, bis 2 cm lang. 1–4 Mitteldornen, bis 8 cm lang. Den Areolen entspringen außerdem bis 5 cm lange, weiße Wollhaare.
Blüte: Rosa, röhrig, bis 9 cm lang, bis 3 cm breit. Entspringen in Scheitelnähe.
Heimat: Bolivien, Chile, Peru.
Standort: Tagsüber sonnig und warm. Nachts kühl. Gewissenhafte Lüftung ist Voraussetzung. Diese Art ist für die Wohnzimmerkultur nur sehr bedingt geeignet.
Substrat: *Oreocereus celsianus* benötigt ein durchlässiges, leicht humoses Substrat.
Bewässerung: Während der Vegetationsperiode regelmäßig und kräftig. Staunässe vermeiden!
Überwinterung: Hell, nicht ganz trocken und unter Einhaltung der unten dargestellten Temperaturwechsel.
Vermehrung: Aussaat.
Besonderheiten: Als typische Bergbewohner beanspruchen die Oreocereen tagsüber einen sonnigen Standort, nachts jedoch niedrige Temperaturen bis 0 °C. Von *Oreocereus celsianus* existieren mehrere Varietäten, die sich hinsichtlich der Bedornung, der Behaarung und der Blütenfarbe von der Stammform abgrenzen.
Weitere empfehlenswerte Art: *Oreocereus trollii* (in Zimmerkultur ebenso eingeschränkt wie *Oreocereus celsianus*).

 bis 20 cm

Oroya

Oroya peruviana

Wuchsform: Flachkugelig wachsender Kaktus. Einzeln oder sprossend.
Höhe/Breite: Bis etwa 20 cm hoch, bis 40 cm breit.
Rippen/Warzen: Bis 35 spiralig angeordnete Rippen.
Bedornung: Bis 30 Randdornen, bis etwa 1,5 cm lang. 0–6 Mitteldornen, bis etwa 3 cm lang. Bräunlich bis schwarz.
Blüte: Rot, am Grund weißlich bis hellgelb, glocken- bis trichterförmig, bis 2,5 cm lang.
Heimat: Peru.
Standort: Wie *Oreocereus* tagsüber sonnig und warm. Nachts kühl. Soll diese Art im Wohnzimmer gehalten werden, dann empfiehlt sich die veredelte Form der Pflanze.
Substrat: *Oroya peruviana* benötigt ein durchlässiges, nährstoffreiches und leicht saures Substrat.
Bewässerung: Während der Vegetationszeit regelmäßig und kräftig, das Substrat darf jedoch ab und zu auch durchtrocknen.
Überwinterung: Hell, trocken und kühl bei 5–10 °C.
Vermehrung: Aussaat oder Spross-Steckling.
Besonderheit: Siehe *Oreocereus*.
Weitere Art: *Oroya borchersii*

bis 10 m   **

Kamm-Baumkaktus

Pachycereus pecten-aboriginum

Wuchsform: Baumförmig wachsender, verzweigender Säulenkaktus.
Höhe/Breite: *Pachycereus pecten-aboriginum* wird in seiner Heimat bis zu 10 m hoch. Der Stamm kann bis zu 2 m breit werden. In Kultur werden solche Ausmaße nicht erreicht.
Rippen/Warzen: 10–12 Rippen.
Bedornung: 8–9 Randdornen, bis 1 cm lang, weißlich-grau, 1–3 Mitteldornen, bis 3 cm lang, weißlich-grau.
Blüte: Weiß, bis 8,5 cm lang, glocken- bis röhrenförmig, nachtblühend. In Kultur blüht die Art jedoch nicht.
Heimat: Mexiko.
Standort: Sonnig und sehr warm.
Substrat: *Pachycereus pecten-aboriginum* benötigt ein durchlässiges Substrat, Standard-Kakteenerde ist bestens geeignet.
Bewässerung: Während der Vegetationsphase soll die Art kräftig gewässert werden.
Überwinterung: Hell und nicht ganz trocken bei etwa 10–12 °C.
Vermehrung: Aussaat, Steckling jüngerer Exemplare.
Besonderheit: Diese Pflanze gilt den Indianern Mexikos als Nutzpflanze. So werden die Früchte der Art als Kämme benutzt, außerdem dient der Kaktus als Baumaterial und auch als Nahrungs-, Heil-, Ritual- und Rauschpflanze.

 bis 12 m   **

Dicker Cereus

Pachycereus pringlei

Wuchsform: Baumförmig wachsender, verzweigender Säulenkaktus.
Höhe/Breite: *Pachycereus pringlei* wird in seiner Heimat bis zu 12 m hoch. Der Stamm erreicht an der Basis eine Breite von bis zu 1 m. In Kultur bleibt die Art natürlich kleiner.
Rippen/Warzen: Bis zu 16 Rippen.
Bedornung: Die Art weist eine variable Bedornung auf. Bis 12 Randdornen, bis etwa 2 cm lang. Bis 8 Mitteldornen, bis über 10 cm lang. Die Dornen sind zunächst von rot-brauner Farbe, später dunkelbraun bis schwarz. Abfallend.
Blüte: Grünlich, weiß oder rosa bis ins Rote überlaufend, bis 10 cm lang, glocken- bis röhrenförmig, nachtblühend.
Heimat: Mexiko.
Standort: Sonnig und sehr warm.

Substrat: *Pachycereus pringlei* benötigt ein durchlässiges Substrat, Standard-Kakteenerde ist bestens geeignet.
Bewässerung: Während der Vegetationsphase möchte er kräftig gewässert werden.
Überwinterung: Hell und nicht ganz trocken bei etwa 10 °C.
Vermehrung: Aussaat, Steckling jüngerer Pflanzen.
Weitere empfehlenswerte Arten: *Pachycereus marginatus*, *Pachycereus weberi*

 bis 12 cm   *

Parodie

Parodia microsperma,
Syn. Parodia mutabilis

Wuchsform: Kugelig wachsender Kaktus.
Höhe/Breite: Bis 12 cm hoch, bis 8 cm breit.
Rippen/Warzen: Spiralig angeordnete, in Warzen aufgelöste Rippen.
Bedornung: Bis 50 feine Randdornen, bis etwa 1 cm lang, weiß. Bis 6, teilweise hakige Mitteldornen, bis 2 cm lang, gelblich bis orange-braun.
Blüte: Gelb oder gelb mit rotem, rosafarbenem oder weißem Schlund, trichterförmig, bis etwa 4 cm breit.
Heimat: Argentinien.
Standort: Hell und warm. Eine regelmäßige Belüftung des Standortes ist notwendig.
Substrat: *Parodia microsperma* benötigt ein durchlässiges, mineralisches und humoses Substrat.

Bewässerung: Regelmäßig und kräftig, die Erde sollte nie ganz austrocknen, Staunässe muss jedoch dringend vermieden werden. Öfter kontrollieren!
Überwinterung: Hell, nicht ganz trocken bei 5–10 °C.
Vermehrung: Aussaat.
Besonderheit: Es existieren mehrere Varietäten dieser Art mit wunderschönem Flor.
Weitere empfehlenswerte Arten: *Parodia chrysacanthion, Parodia comarapana*

bis 15 cm   ***

Fußfesselkaktus, Siler Pincushion Cactus

Pediocactus sileri

Wuchsform: Kugelig wachsender Kaktus.
Höhe/Breite: Bis 15 cm hoch, bis 12 cm breit.
Rippen/Warzen: Spiralig angeordnete, in Warzen aufgelöste Rippen.
Bedornung: Bis 15 Randdornen, bis 2 cm lang, weiß. 3–7 Mitteldornen, bis 3 cm lang, schwarz.
Blüte: Gelb bis gelblich-braun, zuweilen auch rosa, glockenförmig, bis über 2,5 cm lang und breit.
Heimat: USA.
Standort: *Pediocactus sileri* ist wie alle anderen *Pediocactus*-Spezies eine eher schwierig kultivierbare Pflanze, die tagsüber und nachts starke Temperaturunterschiede benötigt. Während des Tages sonnig und sehr warm, nachts hingegen sehr kühl. Wenn überhaupt, dann sollte die Art von ungeübten Pflegern veredelt gehalten werden.
Substrat: Die Art benötigt ein durchlässiges, mineralisches Substrat bzw. Erde entsprechend der Pfropfunterlage, z. B. *Echinopsis*, *Opuntia* oder *Trichocereus*.
Bewässerung: Während der Vegetationsperiode mäßig gießen. Substrat darf ab und zu durchtrocknen. Staunässe ist unbedingt zu vermeiden!
Überwinterung: Trocken, hell und kühl bei 5–10 °C. Die *Pediocactus*-Arten sind frost- bzw. winterhart.
Vermehrung: Aussaat. Die Art ist jedoch ein Fall für den Spezialisten.
Besonderheit: Die *Pediocactus*-Arten sind schwierige Kulturpflanzen und nur dem sehr erfahrenen Kakteenpfleger zu empfehlen.
Weitere Arten: *Pediocactus paradinei*, *Pediocactus knowltonii*, *Pediocactus papyracanthus*

 bis 10 cm   **

Asselkaktus

Pelecyphora aselliformis

Wuchsform: Kugelig bis zylindrisch, im Alter keulenförmig wachsender Kaktus. Einfach oder sprossend.
Höhe/Breite: Bis 10 cm hoch, bis 5,5 cm breit.
Rippen/Warzen: Beilförmige, bis 5 mm hohe Warzen. Wollige Axillen.
Bedornung: Bis etwa 60 Dornen, bis 5 mm lang, kammförmig angeordnet. Die Areolen erinnern in ihrer Wuchsform an Asseln, daher der Artname.
Blüte: Magentafarben, trichter- bis glockenförmig, zuweilen radförmig, bis 2 cm lang, bis 4 cm breit.
Heimat: Mexiko.
Standort: Sonnig und warm, jedoch nicht in der prallen Sonne.
Substrat: Die Spezies benötigt ein durchlässiges, mineralisches Substrat.
Bewässerung: Nur wenig und sparsam. Das Substrat darf bei diesem Rübenwurzler ruhig öfters trocken sein.
Überwinterung: Hell, trocken und kühl bei 8–12 °C.
Besonderheit: *Pelecyphora aselliformis*, übrigens die einzige Art der Gattung, enthält pharmakologisch aktive Inhaltsstoffe und wird von indigenen Ethnien als Rauschmittel verwendet.
Vermehrung: Aussaat, Spross-Steckling, Veredelung.

 bis 4 m   **

Schwanzcereen, Schnurcereen

Peniocereus-Arten

Wuchsform: Strauchige, aufrecht, niederliegend oder kletternd wachsende Säulenkakteen.
Höhe/Breite: Die Pflanzen erreichen Wuchshöhen von bis zu 4 m. Einzelne Triebe werden bis über 3 m lang und bis etwa 3 cm breit.
Rippen/Warzen: Triebe rundlich, kantig oder mit bis zu 10 Rippen.
Bedornung: Je nach Art bis 10 Randdornen, braun oder schwarz, bis etwa 4 mm lang. 0–4 Mitteldornen, schwarz, bis etwa 3 mm lang.
Blüte: Weiß, rot, grünlich, bräunlich, rötlich, äußerlich beschuppt und wollig, bis etwa 20 cm lang, nachtblühend.
Heimat: Mexiko, USA.
Standort: Sonnig und warm, während des Sommers gern im Freien.

Substrat: Peniocereen benötigen ein durchlässiges, mineralisches und humusarmes Substrat. Zuschlag von Bims, Quarzkies und Lavalit empfehlenswert.
Bewässerung: Regelmäßig und kräftig, das Substrat darf aber zwischendurch immer mal wieder durchtrocknen. Die Pflanzen sind wegen ihrer großen Rübenwurzeln sehr empfindlich gegenüber stauender Nässe. Öfter kontrollieren.
Überwinterung: Hell, trocken und kühl bei 6–8 °C.
Vermehrung: Aussaat, Steckling.
Besonderheit: Peniocereen bilden dicke Rübenwurzeln aus und müssen daher in besonders tiefe Töpfe gepflanzt werden.
Empfehlenswerte Arten: *Peniocereus greggii, Peniocereus viperinus*

 bis 6 m   **

Nacktcereus

Peniocereus serpentinus,
Syn. *Nyctocereus serpentinus*

Wuchsform: Aufrecht bis überhängend oder niederliegend wachsender, schlanker Säulenkaktus.
Höhe/Breite: Triebe bis 6 m lang, bis 5 cm dick.
Rippen/Warzen: 10–13 gerundete, niedrige Rippen.
Bedornung: 10–12 Dornen, hell, zuweilen mit dunkler Spitze, bis 3 cm lang.
Blüte: Weiß bis crèmefarben, nach außen hin rosa und rot-grünlich, trichterförmig, bis 20 cm lang, nachtblühend.
Heimat: Mexiko.
Standort: Sonnig und warm, toleriert auch Halbschatten. Idealerweise wird *Peniocereus serpentinus* jedoch im Gewächshaus kultiviert. Auf der Fensterbank blüht das Gewächs nur selten.
Substrat: Die Pflanze benötigt ein durchlässiges, mineralisches und nährstoffreiches Substrat.
Bewässerung: Während der Vegetationsphase regelmäßig und kräftig, Staunässe unbedingt vermeiden. Eine gute Drainage wird empfohlen.
Überwinterung: Hell und trocken bei 10–12 °C.
Vermehrung: Aussaat, Stecklinge.
Besonderheit: Wird häufig unter ihrem alten Namen *Nyctocereus serpentinus* im Handel angeboten.

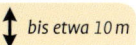

Laubkaktus

Pereskia aculeata

Wuchsform: Strauchig verzweigender, niederliegend oder aufrecht wachsender Kaktus.
Höhe/Breite: Triebe bis etwa 10 m lang, die länglichen bis eiförmigen Blätter werden bis 10 cm lang und bis 4 cm breit.
Rippen/Warzen: Keine.
Bedornung: 2 Hakendornen pro Areole, bis 2 cm lang. Nach dem Laubwurf bis 30 Dornen, bräunlich-gelb bis schwarz, bis 2 cm lang.
Blüte: Weiß bis crèmefarben, gelblich oder rosa, bis 3 cm lang, bis 5 cm breit, wohlriechend, rispenähnlich erscheinend.
Heimat: USA, Westindische Inseln, Südamerika.
Standort: Durchaus halbschattig, aber nicht zu dunkel. Idealerweise feuchtwarmes Klima.
Substrat: *Pereskia* benötigt ein humoses, nährstoffreiches Substrat. Ein geringer Lehmzuschlag ist vorteilhaft.
Bewässerung: Die Pflanze möchte nicht trocken stehen und sollte daher regelmäßig gewässert werden.
Überwinterung: Hell, mäßig feucht und nicht unter 10 °C.
Vermehrung: Aussaat, Steckling.
Besonderheit: Die Gattung *Pereskia* hat mit den anderen Kakteen nicht viel gemein und ist für den Laien überhaupt nur schwer als Kaktusgewächs zu identifizieren. Untrügliches Merkmal sind die Areolen und deren Bedornung.
Weitere empfehlenswerte Arten: *Pereskia bahiensis, Pereskia bleo, Pereskia grandiflora*

 bis 2 m   **

Falsche Pereskie

Pereskiopsis-Arten

Wuchsform: Strauchige, kletternde bis baumförmige Kakteen.
Höhe/Breite: Je nach Art bis 2 m hoch, die rundlichen Triebe werden bis 2 cm dick. Die elliptischen bis eiförmigen, zuweilen fast runden Blätter werden bis über 6 cm lang und bis etwa 4 cm breit.
Rippen/Warzen: Keine.
Bedornung: Haarige Areolen mit Glochiden. 0–6 Dornen, bis 1 cm lang.
Blüte: Gelb, rot oder rosa, radförmig, bis etwa 4 cm lang.
Heimat: Guatemala, Honduras, Mexiko.
Standort: Sonnig und warm, Halbschatten wird auch vertragen. Ein Gewächshaus ist wegen der höheren Luftfeuchtigkeit empfehlenswert.
Substrat: Die Arten benötigen ein durchlässiges, mineralisches Substrat.
Bewässerung: *Pereskiopsis*-Arten wollen regelmäßig und kräftig gewässert werden. An warmen Tagen ab und zu abbrausen. Das Gießwasser sollte immer etwas angewärmt sein.
Überwinterung: Hell und nie ganz trocken bei 8–15 °C.
Vermehrung: Aussaat, Steckling.
Besonderheit: Zwar erinnern die Spezies der Gattung *Pereskiopsis* an die Pereskien (daher auch der Name: gr. *opsis* = schauend, Aussehen). Die Glochiden der Pflanzen zeigen jedoch an, dass es sich bei der Gattung um opuntienartige Kakteen handelt. Die Arten werden meist als Pfropfunterlagen für andere Kakteen verwendet.
Empfehlenswerte Arten: *Pereskiopsis blakeana, Pereskiopsis rotundifolia, Pereskiopsis velutina*

 bis 2,5 m   *

Behaarter Cereus, Facheiro

Pilosocereus piauhyensis

Wuchsform: Verzweigend wachsender, baumförmiger Säulenkaktus.
Höhe/Breite: An seinem Heimatstandort wird der Kaktus bis 2,5 m hoch. Die Triebe werden bis 7,5 cm breit.
Rippen/Warzen: Triebe mit 14–21 Rippen.
Bedornung: 11–16 Randdornen, bis etwa 8 mm, goldfarben, 5–9 Mitteldornen, gelblich bis bräunlich, bis 1,5 cm lang. Den Areolen blühfähiger Triebe entwachsen weißliche bis graue Haare.
Blüte: Weiß, trichter- bis glockenförmig, bis 7,5 cm lang, bis 4 cm breit, nachtblühend.
Heimat: Brasilien.
Standort: Sonnig und warm, während des Sommers gern im Freien.
Substrat: Die Art benötigt ein durchlässiges, mineralisches, sandiges Substrat.
Bewässerung: Während der Vegetationsperiode regelmäßig und kräftig, Staunässe ist zu vermeiden.
Überwinterung: Trocken und hell bei 8–14 °C.
Vermehrung: Aussaat, Steckling.
Weitere empfehlenswerte Arten: *Pilosocereus chrysacanthus, Pilosocereus glaucescens, Pilosocereus pachycladus*

 bis 40 cm   **

Flügelkakteen
Pterocactus-Arten

Wuchsform: Verzweigt und strauchig wachsende, klein bleibende, opuntienartige Kakteen mit knollig verdickter Wurzel.
Höhe/Breite: Der knolligen Rübe entwachsen je nach Art 10–40 cm lange und bis etwa 2,5 cm breite Triebe.
Rippen/Warzen: Keine.
Bedornung: Wenige bis zahlreiche haar- bis papierartige Dornen, die den Areolen zusammen mit Glochiden entwachsen.
Blüte: Crèmefarben bis gelb, rötlich, trichterförmig, je nach Art 3–5 cm lang.
Heimat: Argentinien, Chile.
Standort: Sonnig und warm, gern im Freien. Bei Kübelhaltung müssen unbedingt große Töpfe gewählt werden. Denn obwohl die Pflanzen selbst von eher unscheinbarem Wuchs sind, entwickelt sich deren sehr viel größere Rübenwurzel rasant.
Substrat: Pterocacteen benötigen ein durchlässiges, mineralisches Substrat mit hohem Bimsanteil.
Bewässerung: Während der Vegetationsperiode regelmäßig wässern, aber häufig kontrollieren, um Staunässe zu vermeiden. Die Pflanzen vertragen auch immer mal wieder Trockenperioden.
Überwinterung: Die *Pterocactus*-Arten sind winter- bzw. frosthart und können im Freien überwintern, bekommen aber kein Wasser. Auch in Zimmerkultur trocken und hell halten.
Vermehrung: Aussaat, leichter ist aber die Vermehrung über Stecklinge.
Besonderheit: Schneidet man im Herbst die Triebe dieser Kakteen bis auf etwa 5 cm zurück, bilden sich im kommenden Frühjahr viele Blüten.
Empfehlenswerte Arten: *Pterocactus australis, Pterocactus hickenii, Pterocactus tuberosus*

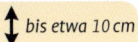

Zwergkaktus, Kranzkaktus

Rebutia-Arten

Wuchsform: Umfangreiche und variable, sich in drei Untergattungen aufteilende Gattung mit etwa 70 Spezies kleiner kugeliger bis zylindrischer Kakteen. Einzeln oder sprossend.
Höhe/Breite: Die Zwergkakteen werden selten höher als 10 cm und breiter als 7 cm.
Rippen/Warzen: Gerade oder spiralig angeordnete Rippen, die sich in niedrige Warzen auflösen.
Bedornung: Variable Bedornung. Je nach Art bis 40 Randdornen, nur wenige mm bis etwa 2,5 cm lang, dünn und borstig. Bis etwa 5 Mitteldornen.
Blüte: Weiß, gelb, orange, rosa oder rot, trichterförmig, bis etwa 5 cm lang und breit.
Heimat: Südamerika.
Standort: Halbschatten bis sonnig und warm, nicht aber vollsonnig. Eine gute Belüftung des Standortes ist empfehlenswert.
Substrat: Zwergkakteen benötigen ein durchlässiges, sandiges, nährstoffreiches und humoses Substrat.
Bewässerung: Regelmäßig und kräftig, Staunässe ist zu vermeiden. Gelegentliches Besprühen tut den Pflanzen gut.
Überwinterung: Im Winterquartier sollen Rebutien hell, nicht ganz trocken und nicht unter 8 °C stehen. Trocken gehaltene Pflanzen überstehen angeblich leichte Fröste.
Vermehrung: Aussaat oder Spross-Steckling.
Besonderheiten: Da *Rebutia*-Arten Bergkakteen sind, sollten die Nachttemperaturen idealerweise deutlich kühler ausfallen als die Temperaturen am Tag. Schon einjährige Exemplare von nur wenigen Zentimetern Wuchshöhe blühen reich und willig.
Empfehlenswerte Arten: *Rebutia krainziana, Rebutia marsoneri, Rebutia muscula, Rebutia senilis*

 bis 2 m   *

Binsenkaktus

Rhipsalis-Arten

Wuchsform: Vorwiegend epiphytische, sehr variable, buschige bis strauchartige, meist reich verzweigende, aufrecht, überhängend oder niederliegend wachsende Kakteen. Die über 30 Arten werden in fünf Untergattungen aufgeteilt.
Höhe/Breite: Die Arten werden bis 2 m lang bzw. bis etwa 1 m hoch, Triebe je nach Art bis über 60 cm lang.
Rippen/Warzen: Triebe gegliedert, keulig oder mehrkantig, geflügelt, gekerbt oder gerippt.
Bedornung: Je nach Art fehlende oder zarte, borstige Dornen. Bei einigen Arten bilden junge Triebe winzige Dornen aus, die bald abfallen.
Blüte: Weiß, weiß-grün und weiß-gelb, zuweilen rosa bis rötlich, radiär, auffallend klein. Erscheinen während des Winters.
Heimat: Zentral- und Südamerika, Mexiko, Afrika, Sri Lanka, Madagaskar.
Standort: Halbschattig bis sonnig, nicht aber vollsonnig. Gute Ampelpflanzen. Im Sommer gern draußen.
Substrat: *Rhipsalis*-Arten benötigen ein durchlässiges, gut dräniertes, säuerliches Substrat. Sandzuschlag ist empfehlenswert.
Bewässerung: Regelmäßig und kräftig, am besten mit Regenwasser. Von Mitte September bis Ende Oktober weniger wässern und gar nicht mehr vernebeln, damit sich ab November erste Blütenstände bilden.
Überwinterung: Die übliche Winterruhe entfällt bei *Rhipsalis*. Die Pflanzen können ganzjährig am Platz bleiben, sollten aber zu Herbstbeginn wieder ins Haus.
Vermehrung: Aussaat oder Steckling.
Empfehlenswerte Arten: *Rhipsalis baccifera, Rhipsalis clavata, Rhipsalis fasciculata*

bis 12 cm

Rutenkaktus

Rhipsalis pilocarpa,
Syn. Erythrorhipsalis pilocarpa

Wuchsform: Epiphytischer, strauchartig wachsender Kaktus.
Höhe/Breite: Die hängenden Triebe werden bis 12 cm lang und bis 6 mm dick.
Rippen/Warzen: Keine.
Bedornung: 3–10 borstige Haardornen, grau.
Blüte: Weiß bis gelblich-weiß, radiär, bis 2,5 cm breit, erscheinen im Winter.
Heimat: Brasilien.
Standort: Halbschattig, kein direktes Sonnenlicht. Idealerweise als Ampel. Im Sommer gern im Freien.
Substrat: Der Rutenkaktus benötigt ein sandiges Substrat mit Torfzuschlag.
Bewässerung: Vorzugsweise mit Regenwasser, die Erde sollte nie komplett durchtrocknen. Im Sommer zusätzlich häufig sprühen.
Überwinterung: Von Anfang September bis Ende Oktober weniger gießen und nicht mehr vernebeln. Die Pflanze hält keine weitere Winterruhe.
Vermehrung: Aussaat und Steckling. Die vegetative Vermehrung ist deutlich einfacher.
Besonderheiten: *Rhipsalis pilocarpa* benötigt regelmäßige Düngergaben. Idealerweise alle 14 Tage mit normalem Blumendünger.

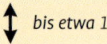

bis etwa 1 m   *

Weihnachtskaktus

Schlumbergera-Arten

Wuchsform: Epiphytische, buschige bis strauchige, stark verzweigende, aufrecht, später überhängend wachsende Kakteen.
Höhe/Breite: Je nach Art und Alter erreichen die *Schlumbergera*-Arten Gesamtgrößen bzw. -längen von über einem Meter. Die blattartigen Glieder werden bis 6 cm lang und bis 3 cm breit.
Rippen/Warzen: Abgeflachte, gezahnte oder gekerbte Glieder. Keine Rippen oder Warzen.
Bedornung: Bei einigen der etwa 6 Arten bilden sich Borstenauswüchse oder bis über 30 kurze Dornen, andere Spezies sind unbedornt.
Blüte: Rot, violett, weiß-rosa oder blass-orange, je nach Art bis etwa 9 cm lang. Erscheinen im Winter.
Heimat: Brasilien.

Standort: Halbschatten bis sonnig, warm. Während des Sommers gern auch im Freien.
Substrat: *Schlumbergera*-Arten benötigen ein humusreiches, säuerliches Substrat.
Bewässerung: Das Substrat soll immer feucht sein, die Wurzel der Gewächse nie ganz austrocknen. Dabei sollte idealerweise kalkarmes Wasser verwendet werden, z. B. Regenwasser.
Überwinterung: Die Arten halten keine Winterruhe. Dafür halten sie von August bis etwa Ende September eine Ruhezeit, in der sie an einem kühlen Platz unterkommen und nur wenig gegossen werden. Ab Ende September wieder mehr gießen und die Gaben allmählich auf das Normalniveau steigern.
Vermehrung: Aussaat oder Steckling.
Besonderheit: *Schlumbergera*-Arten werden als „Weihnachtskakteen" bezeichnet, obwohl ursprünglich nur die Art *Schlumbergera truncata* und deren Hybriden so genannt wurden.
Empfehlenswerte Arten: Alle Hybridformen.

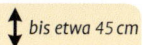

Angelhaken-Kakteen
Sclerocactus-Arten

Wuchsform: Kugelig bis kurzsäulig-zylindrisch wachsende Kakteen. Einzeln oder sprossend.
Höhe/Breite: Die Arten werden bis etwa 45 cm hoch und bis 15 cm breit.
Rippen/Warzen: Gerade oder spiralig angeordnete, gebuchtete bis in Warzen aufgelöste Rippen.
Bedornung: Bis 20 Randdornen, weiß oder schwarz, wenige mm bis etwa 5 cm lang. Meist bis 4, seltener 5–8 Mitteldornen, zuweilen blatt- bis papierartig abgeflacht, gerade oder krumm, bis über 12 cm lang.
Blüte: Weiß, purpur, rötlich-grün oder rosa, trichter- bis glockenförmig, bis 6 cm lang.
Heimat: Mexiko, USA.
Standort: Sonnig und warm. Ideal wäre die Haltung im Gewächshaus. Für die Fensterbankkultur werden die Arten häufig veredelt.
Substrat: Sclerocacteen benötigen ein durchlässiges, mineralisches, sandiges Substrat.
Bewässerung: Während der Vegetationsperiode regelmäßig, aber eher sparsam. Staunässe dringend vermeiden!
Überwinterung: Die Arten sind winter- bzw. frosthart und werden im Winter trocken gehalten.
Vermehrung: Aussaat oder Steckling.
Empfehlenswerte Arten: *Sclerocactus intermedius, Sclerocactus scheerii, Sclerocactus whipplei*

 bis 5 m   **

Königin der Nacht

Selenicereus grandiflorus

Wuchsform: Strauchig wachsender, kletternder Kaktus mit Luftwurzeln.
Höhe/Breite: Triebe bis zu 5 m lang und bis etwa 3 cm breit.
Rippen/Warzen: Triebe mit 5–8 Rippen.
Bedornung: Bis zu 11 kurze Dornen, bis 1 cm lang, zunächst gelblich, später grau.
Blüte: Äußerlich gelblich-orange-braun, innerlich weiß, nach Vanille duftend, bis 30 cm lang und bis etwa 20 cm breit. Öffnet sich zur Sommerzeit nur für eine einzige Nacht.
Heimat: Mexiko, Haiti, Jamaika, Kuba, Kleine Antillen.
Standort: Halbschatten, aber hell und warm. Ein Rankgerüst ist spätestens dann von Vorteil, wenn die Triebe des Kaktus über einen Meter lang geworden sind.
Substrat: Die Königin der Nacht benötigt ein durchlässiges, leicht humoses Substrat.
Bewässerung: Die Pflanze möchte häufig, aber immer nur mäßig gewässert werden.
Überwinterung: Hell, fast trocken und nicht unter 10 °C.
Vermehrung: Aussaat, Stecklinge.
Besonderheiten: Die Spezies wird mit normalem Zierpflanzendünger gedüngt. Typischer Kakteendünger enthält für *Selenicereus grandiflorus* zu wenig Stickstoff (eine Voraussetzung, die für die meisten Kakteengewächse unabdingbar ist). Die Art ist eine wertvolle Arzneipflanze, die z. B. homöopathisch bei Herzleiden eingesetzt wird.
Weitere empfehlenswerte Arten: *Selenicereus hamatus*, *Selenicereus pteranthus*

 bis 7 m   **

Orgelpfeifenkaktus
Stenocereus thurberi

Wuchsform: Verzweigender, strauchig bis baumförmig wachsender Säulenkaktus.
Höhe/Breite: Die Art wird in ihrer Heimat bis 7 m hoch und bis 20 cm breit. Solche Ausmaße werden in Kultur natürlich nicht erreicht.
Rippen/Warzen: Triebe mit 12–19, bis 2 cm hohen Rippen.
Bedornung: 7–10 Randdornen, bis 1 cm lang, grau. 1–3 Mitteldornen, bis 5 cm lang, grau bis schwarz.
Blüte: Weiß oder rosa, trichterförmig, bis 8 cm lang, nachtblühend.
Heimat: Mexiko, USA.
Standort: Sonnig und warm, im Sommer gern im Freien. Idealerweise im Gewächshaus.
Substrat: Die Art benötigt ein durchlässiges, teils mineralisches, humusarmes, sandiges, gern kiesiges Substrat.
Bewässerung: Während der Vegetationsperiode regelmäßig, aber nur sparsam. Die Art ist empfindlich gegen übermäßige Feuchtigkeit.
Überwinterung: Hell und trocken bei 8–14 °C.
Vermehrung: Aussaat.
Weitere empfehlenswerte Arten: *Stenocereus beneckei, Stenocereus marginatus*

 bis 5 m

Kranzcereus

Stephanocereus leucostele

Wuchsform: Zumeist einzeln, seltener verzweigt wachsender Säulenkaktus.
Höhe/Breite: Die Art wird bis 5 m hoch und bis etwa 10 cm breit.
Rippen/Warzen: Bis 19 niedrige Rippen. Den Triebspitzen entwachsen Borstenkränze.
Bedornung: Bis 20 Randdornen, bis 1,5 cm lang, weiß. 1–3 Mitteldornen, bis 4 cm lang, weiß bis gelblich, später grau. Außerdem entspringen den Areolen weiße Wollhaare.
Blüte: Weiß oder rosa, röhren- bis glockenförmig, bis 7 cm lang.
Heimat: Brasilien.
Standort: Sonnig und warm, im Sommer gern draußen.
Substrat: *Stephanocereus leucostele* benötigt ein durchlässiges, mineralisches Substrat.
Bewässerung: Während der Sommermonate regelmäßig und kräftig. Das Substrat sollte jedoch zwischendurch immer mal wieder austrocknen. An warmen Tagen ab und zu überbrausen.
Überwinterung: Hell und trocken bei 8–14 °C.
Vermehrung: Aussaat oder Steckling.
Weitere empfehlenswerte Arten: *Stephanocereus luetzelburgii* (die einzige weitere Art der Gattung).

 bis 8 m   **

Toothpick Cactus

Stetsonia coryne

Wuchsform: Baumförmig wachsender Säulenkaktus.
Höhe/Breite: *Stetsonia coryne* wird in seiner Heimat bis 8 m hoch und an der Basis bis zu 40 cm breit. Kulturpflanzen bleiben jedoch kleiner. Triebe bis 60 cm lang und bis 10 cm breit.
Rippen/Warzen: Triebe mit 8–9 Rippen.
Bedornung: 7–9 Randdornen, schmal dreieckig, bis 3 cm lang. 1 Mitteldorn, bis 8 cm lang. Weiß oder gelblich-braun, später schwarz.
Blüte: Weiß, äußerlich grünlich, bis zu 15 cm lang, nachtblühend.
Heimat: Argentinien, Bolivien, Paraguay.
Standort: Sonnig und warm, während der Sommermonate gern im Freien.
Substrat: Die Art benötigt ein durchlässiges, mineralisches, sandiges, kiesiges und humusarmes Substrat.
Bewässerung: Regelmäßig und kräftig, jedoch nicht übermäßig. Das Substrat darf ruhig ab und zu durchtrocknen. *Stetsonia* ist empfindlich gegen stehende Nässe.
Überwinterung: Hell und trocken bei 6–10 °C.
Vermehrung: Aussaat.
Besonderheit: *Stetsonia coryne* enthält pharmakologisch aktive Substanzen, unter anderem das psychedelisch wirksame Meskalin.

2 bis 18 cm ★★★

Kreiselkaktus

Strombocactus disciformis

Wuchsform: Gedrückt kugelig bis kurzzylindrisch wachsender Warzenkaktus.
Höhe/Breite: 2–18 cm hoch, bis 15 cm breit.
Rippen/Warzen: 12–18 Reihen spiralig angeordneter, ganz in Warzen aufgelöster Rippen. Warzen rhombisch bis pyramidenförmig.
Bedornung: 1–5 borstige Dornen, weiß, bis 1,5 cm lang, meist abfallend.
Blüte: Weiß bis gelblich-weiß, trichterförmig, bis 3,5 cm lang, bis 4 cm breit.
Heimat: Mexiko.
Standort: *Strombocactus disciformis* ist in Kultur eher heikel. Die Art verlangt einen sonnigen und warmen Standort, idealerweise unter Glas. Veredelte Exemplare sind leichter zu pflegen.
Substrat: Wurzelechte Exemplare benötigen ein durchlässiges, mineralisches Substrat.
Bewässerung: Immer nur sehr vorsichtig und von unten gießen.
Überwinterung: Hell und trocken bei 8–10 °C.
Besonderheit: Die Art enthält psychoaktive Alkaloide und wird von Angehörigen indigener Ethnien als Ritualpflanze gebraucht.
Vermehrung: Aussaat, Veredelung.

 bis 1,5 cm

Furchen-Kranzkaktus

Sulcorebutia canigueralii,
Syn. *Sulcorebutia rauschii*

Wuchsform: Zwergiger, kugelig bis kurzzylindrisch wachsender Warzenkaktus mit Rübenwurzel. Einzeln oder sprossend.
Höhe/Breite: Der dunkelgrüne bis violette Kaktus wird bis 1,5 cm hoch und bis 3 cm breit.
Rippen/Warzen: Bis zu 16 in flache Höcker aufgelöste, schräg angeordnete Rippen.
Bedornung: Bis zu 11 Randdornen, 1,5 mm lang, schwarz. Mitteldorn fehlend.
Blüte: Rot mit weißem Schlund, trichterförmig, bis 3 cm lang.
Heimat: Bolivien.
Standort: Sonnig, sehr hell und warm. Regelmäßige Belüftung ist empfehlenswert.
Substrat: *Sulcorebutia canigueralii* benötigt ein durchlässiges, mineralisches Substrat.
Bewässerung: Bei Erscheinen der Blütenknospen Substrat nie ganz austrocknen lassen, dafür aber nur sparsam feucht halten. Von Juli bis in den August benötigt *Sulcorebutia canigueralii* eine Ruhephase, in der die Wassergaben verringert werden. Danach folgt bis Ende September eine weitere Vegetationsperiode.
Überwinterung: Hell, trocken und nicht unter 5 °C.
Vermehrung: Aussaat und Spross-Steckling.
Besonderheiten: *Sulcorebutien* sind in der Pflege recht heikel und für die Fensterbank nur sehr bedingt geeignet. Die vorgestellte Art lässt sich jedoch auch im Wohnzimmer gut kultivieren. Die Pflanze wird meistens unter ihrem alten Namen *Sulcorebutia rauschii* im Handel angeboten.
Weitere empfehlenswerte Arten: *Sulcorebutia krugeri*, *Sulcorebutia tunariensis* (wie *Sulcorebutia canigueralii* nur eingeschränkt für die Zimmerkultur geeignet).

 bis 20 cm   *

Buckelwarzenkaktus, Glory of Texas

Thelocactus bicolor

Wuchsform: Kugelig bis kurzzylindrisch wachsender Kaktus.
Höhe/Breite: Bis 20 cm hoch, bis 8 cm breit.
Rippen/Warzen: 8–13 gerade oder leicht schräg angeordnete, durch Querfurchen gehöckerte Rippen.
Bedornung: Bis 18 Randdornen, bis 3 cm lang, weißlich. 4 Mitteldornen, bis 5 cm lang, rot mit gelber Spitze.
Blüte: Dunkelrosa bis purpur mit rotem Schlund, trichterförmig, bis 6 cm lang und breit.
Heimat: Mexiko, USA.
Standort: Sonnig und warm. Während des Sommers gern draußen.
Substrat: Die Art benötigt ein durchlässiges und mineralisches Substrat.
Bewässerung: Während der Vegetationsphase regelmäßig, aber immer nur sparsam.
Überwinterung: Hell und trocken und bei etwa 10 °C.
Vermehrung: Aussaat.
Besonderheit: *Thelocactus bicolor* ist ein dankbarer und pflegeleichter Kaktus. Von der Art existieren mehrere Varietäten, die sich hauptsächlich in der Art der Bedornung unterscheiden.
Weitere empfehlenswerte Arten: *Thelocactus macdowellii*, *Thelocactus setispinus*, *Thelocactus tulensis*

 bis 20 cm *

Buckelwarzenkaktus

Thelocactus rinconensis,
Syn. Echinocactus rinconensis

Wuchsform: Kugelig bis abgeflacht kugelig wachsender Kaktus.
Höhe/Breite: Bis 15 cm hoch, bis 20 cm breit.
Rippen/Warzen: Etwa 13, in Warzen zerteilte Rippen.
Bedornung: 0–5 Randdornen, bis 3,5 cm lang, 0–4 Mitteldornen, weißlich-grau bis dunkel.
Blüte: Weiß bis rosa, trichterförmig, bis 4 cm lang und breit.
Heimat: Mexiko.
Standort: Sonnig und warm. Während des Sommers gern draußen.
Substrat: Die Art benötigt ein durchlässiges, mineralisches und lehmiges Substrat.
Bewässerung: Während der Vegetationsphase regelmäßig, aber immer nur sparsam. Öfter das Substrat kontrollieren!
Überwinterung: Hell und trocken bei etwa 12 °C, nie jedoch unter 8 °C.
Vermehrung: Aussaat.
Besonderheit: *Thelocactus rinconensis* ist, was die Bedornung angeht, eine recht variable Art. So sind manche Exemplare stark bewehrt, während andere so gut wie dornenlos bleiben.

 bis 6 m   *

Haarcereus, San Pedro

*Trichocereus pachanoi,
Syn. Echinopsis pachanoi*

Wuchsform: Verzweigender, baumartig wachsender Säulenkaktus.
Höhe/Breite: Die Art wird in ihrer Heimat bis 6 m hoch und bis 15 cm breit. In Kultur werden solche Höhen jedoch nicht erreicht.
Rippen/Warzen: Triebe mit 6–8 Rippen.
Bedornung: 3–7 Dornen, bis 2 cm lang, gelblich bis braun. Viele Exemplare sind jedoch dornenlos.
Blüte: Weiß, trichterförmig, bis zu 24 cm lang, nachtblühend, duftend.
Heimat: Ecuador, Peru.
Standort: Sonnig und warm. Während der Sommermonate gern im Freien.
Substrat: *Trichocereus pachanoi* benötigt ein durchlässiges, nährstoffreiches Substrat. Die Pflanze ist nicht besonders anspruchsvoll.
Bewässerung: Während der Vegetationsperiode regelmäßig und kräftig.
Überwinterung: In der Überwinterung soll *Trichocereus pachanoi* hell, trocken und möglichst nicht unter 12 °C gehalten werden.
Vermehrung: Aussaat oder Kopfsteckling.
Besonderheiten: *Trichocereus pachanoi* enthält u. a. den psychedelischen Wirkstoff Meskalin. Die Pflanze wird von schamanischen Ethnien San Pedro genannt und ist eine heilige Sakralpflanze. Die Art ist eine geeignete Pfropfunterlage. Die Gattung *Trichocereus* wurde wissenschaftlich mittlerweile zur Gattung *Echinopsis* gestellt.
Weitere empfehlenswerte Arten: *Trichocereus bridgesii, Trichocereus pasacana, Trichocereus peruvianus*

bis 5 cm   ***

Kreiselfruchtkaktus
Turbinicarpus schmiedickeanus

Wuchsform: Kleiner, kugelig bis kurzzylindrisch wachsender Warzenkaktus mit Rübenwurzel.
Höhe/Breite: Bis etwa 5 cm hoch und bis 4 cm breit.
Rippen/Warzen: Breite, gerundete oder konische Warzen.
Bedornung: 1–10 Dornen, abgeflacht, papierartig, zum Teil verdreht, braun bis schwarz, bald abfallend.
Blüte: Weiß bis crèmefarben, rosa oder gelb, trichterförmig, bis 2,5 cm lang, bis etwa 3 cm breit.
Heimat: Mexiko.
Standort: Sonnig und warm, idealerweise unter Glas. Von Mai bis etwa Mitte Juni ist ein halbschattiger Standort empfehlenswert. Die Art braucht wegen ihrer Rübenwurzel einen ausreichend großen Topf.
Substrat: Die Art benötigt ein durchlässiges, mineralisches, leicht lehmiges Substrat mit Lavalit-, Bims- und Blähschieferzuschlag.
Bewässerung: *Turbinicarpus* wird ab April sparsam und von unten her gewässert. Von Mai bis Juni stehen die Pflanzen dann trocken. Von Juli bis September, ebenfalls von unten, regelmäßig gießen. Staunässe ist zu vermeiden.
Überwinterung: Hell und trocken bei 6–10 °C.
Vermehrung: Aussaat.
Weitere Arten: *Turbinicarpus krainzianus, Turbinicarpus lophophoroides, Turbinicarpus pseudomacrochele*

 bis 50 cm   *

Uebelmannie

Uebelmannia pectinifera

Wuchsform: Anfangs kugelig, im Alter gestreckt wachsender Kaktus.
Höhe/Breite: Bis zu 50 cm hoch und bis zu 15 cm breit.
Rippen/Warzen: 15–18 scharfe Rippen. Mit zunehmendem Alter bilden sich auf der Pflanze weiße Schuppen.
Bedornung: Keine Randdornen, bis 4 Mitteldornen, bis 1,5 cm lang, dunkelbraun bis schwarz.
Blüte: Grünlich-gelb, trichterförmig, bis 1,5 cm lang, bis 1 cm breit.
Heimat: Brasilien.
Standort: Sonnig und warm. Während des Sommers gern im Freien.
Substrat: *Uebelmannia pectinifera* benötigt ein durchlässiges und saures Substrat mit Lauberdezuschlag.

Bewässerung: Während der Vegetationsphase regelmäßig und kräftig, ab und zu übersprühen.
Überwinterung: Hell, nicht ganz trocken und nicht unter 15 °C.
Vermehrung: Aussaat.
Weitere empfehlenswerte Arten: *Uebelmannia buiningii, Uebelmannia gummifera*

bis 30 cm

Weingartie

*Weingartia neocumingii,
Syn. Rebutia neocumingii,
Sulcorebutia neocumingii*

Wuchsform: Flachkugelig wachsender Kaktus mit Rübenwurzel.
Höhe/Breite: Bis 30 cm hoch, bis 30 cm breit.
Rippen/Warzen: 16–18 durch Furchen gehöckerte, schräg angeordnete Rippen.
Bedornung: 8–24 Randdornen, bis 3 cm lang. 0–4 Mitteldornen, leicht gebogen, bis 4 cm lang. Gelb bis braun oder schwarz.
Blüte: Gelb oder bräunlich-gelb bis orange-rot oder rot, seltener weiß, trichterförmig, bis 3,5 cm lang. In Scheitelnähe entspringend.
Heimat: Bolivien.
Standort: Sonnig und warm, idealerweise unter Glas. Anspruchsvolle Art.
Substrat: *Weingartia neocumingii* benötigt ein durchlässiges, mineralisches, nährstoffreiches und leicht humoses Substrat.
Bewässerung: Von April bis Juni regelmäßig kräftig wässern, zwischendurch aber immer wieder das Substrat durchtrocknen lassen. Von Juni bis Juli nur sehr sparsam gießen, da die Art eine kurze Ruhezeit hält. Von August bis Oktober wieder normal gießen.
Überwinterung: Hell und trocken bei 6–14 °C.
Vermehrung: Aussaat.
Weitere Art: *Weingartia fidana, Weingartia kargliana, Weingartia westii*

Service

Glossar

Areole
Meist kleines, pelziges Kissen, aus dem Dornen, Borsten, Glochiden oder Haaransatz entspringen. Geburtsort kleiner Seitentriebe und Blüten.

Auflaufen
Keimung des Samens.

Axillen
Mit Härchen ausstaffierte Vertiefungen zwischen den Warzen bei der Gattung *Mammillaria*.

Bimskies
Kiesart in verschiedenen Körnungen (fein bis grob) aus Bimsstein.

Cephalium
Haar- und Borstenbildung. Man unterscheidet zwischen echtem Cephalium (auf dem Scheitel des Kaktus) und Pseudo- oder Rinnencephalium (an Scheitel und Seite).

Chlorophyll
Grüner Blattfarbstoff.

Cristat
Hahnenkammwuchs, Verbänderung. Spontane Entstehung eines Vegetationsbandes (auch: Vegetationsscheitel) aus einem Vegetationspunkt. Nicht pathologische (krankhafte) veränderte Wuchsform eines Kaktus. Die genaue Ursache dieser Wuchsform ist noch unklar.

Dornen
Verkümmerte Blätter der Kakteen, Teil des festen Pflanzenkörpers.

Dorsiventral
Eine Symmetrieachse (auch zygomorph genannt).

Dränage
Meist aus Kieselsteinen oder Tonscherben bestehende Filterschicht im Pflanzgefäß. Sorgt für ein effizientes Ablaufen des überschüssigen Gießwassers.

Epidermis
Oberhaut. Schutz und Wasserspeicher des Pflanzenkörpers.

Epiphyten
Auf Bäumen lebende, nicht schmarotzende Pflanzen, deren Luftwurzeln oftmals bis zum Boden reichen.

Etiolement
Übermäßig schnelles, meist krummes Wachstum in die Höhe als Folge einer fehlerhaften Kultur mit zu wenig Licht und entweder zu feuchter oder zu warmer Umgebung.

Glochiden/Glochidien
Borstenartige Dornenbüschel mit Widerhaken.

Hilum
Samen-Nabel.

Hybride
Ergebnis der Kreuzung zweier verschiedener Gattungen (Mischling, Bastard).

Hydrokultur
Pflanzenkultur ohne Erde. Die Pflanzen werden in ein Material (meist Kügelchen) aus Blähton, Plastik, Lava oder Kies gesetzt und mit Nährstofflösung am Leben erhalten. Die Wurzel der Hydro-

Pflanze trocknet nie aus, sondern hängt immer im mit Nährstoff angereicherten Wasser.

Hydro-Substrate
Kügelchen aus Ton, Plastik, Lava oder Kies. Wasser bzw. Nährlösungen werden schwammartig aufgesaugt und wieder abgegeben.

Kallus
Wund- und Vernarbungsgewebe, das durch starke Vermehrung aller an die Wundfläche grenzenden lebenden Zellen entsteht.

Latex
Weißlicher bis bräunlicher Milchsaft aus Pflanzen.

Monstrosus
Wilde Wuchsform mit aufgelösten Areolen und Rippen (ähnlich der Cristat-Form).

Nematoden
Fadenwürmer. Die Nematoden gelten als Pflanzenschädling. Die Raubnematode (*Acrobeles mariannae*) gilt hingegen als Nützling, weil sie Schädlinge wie den Dickmaulrüssler und die Sciara-Fliege eliminiert, selbst aber den Pflanzen keinen Schaden zufügt.

Ovarium
Samenbeutel einer Kakteenblüte.

Petalen
Innere Blütenhüllblätter.

pikieren
Vereinzeln. Die Keimlinge werden nach dem Auflaufen aus dem Anzuchtsubstrat genommen und, um abzuhärten, zu fünft oder sechst in Einzeltöpfe gesetzt.

Rädiär
Mehr als zwei Symmetrieachsen.

Raubnematode
Siehe Nematode.

Sepiolith
Meerschaum. Tonmineral aus der Gruppe der Silikate.

Substrat
Pflanzenerde oder Erdgemisch, das der Pflanze die nötigen Nährstoffe liefert.

Sukkulent
Fettfleischig (von lateinisch: succus bzw. sucus = Saft). Fettfleischige Pflanzen können Wasser lange Zeit speichern und bei Bedarf wieder abgeben.

Testa
Samenschale, Samen-Oberfläche.

Vergeilen
Siehe Etiolement.

Zygomorph
Eine Symmetrieachse.

Buchtipps

ANDERSON, EDWARD F.: Das große Kakteen-Lexikon (übers. v. Urs Eggli). Verlag Eugen Ulmer, Stuttgart 2005

AUGUSTIN, K./ GERTEL, W./ HENTZSCHEL, G.: Sulcorebutia. Kakteenzwerge der bolivianischen Anden. Verlag Eugen Ulmer, Stuttgart 2005

BERGER, M.: Kakteen – genügsam, formenreich, faszinierend. Verlag Eugen Ulmer, Stuttgart 2007

DELANGE, YVES: Kakteen auswählen und pflegen. Verlag Eugen Ulmer, Stuttgart 2006

DELANGE, YVES: Sukkulenten auswählen und pflegen. Verlag Eugen Ulmer, Stuttgart 2007

DICHT, R./ LÜTHY, A.: Coryphantha. Kakteen aus Nordamerika. Verlag Eugen Ulmer, Stuttgart 2003

DOPP, HOLGER: Kakteen – Die besten Pflanzen für Sammler und Liebhaber. Verlag Eugen Ulmer, Stuttgart 1998

EGGLI, URS: Sukkulenten-Lexikon (4 Bände). Verlag Eugen Ulmer, Stuttgart 2001-2003

GÖTZ, E./ GRÖNER, G.: Kakteen – Kultur, Vermehrung und Pflege. Lexikon der Gattungen und Arten. Verlag Eugen Ulmer, Stuttgart 2000

GRÖNER, G./ GÖTZ, E.: Schöne Kakteen. Verlag Eugen Ulmer, Stuttgart 1998

HAAGE, HANS FRIEDRICH: Kakteen. Verlag Eugen Ulmer, Stuttgart 1993

KAWOLLEK, WOLFGANG: Sukkulenten für Zimmer und Fensterbank. Verlag Eugen Ulmer, Stuttgart 1996

KÖHLEIN, FRITZ: Freilandsukkulenten – Hauswurz, Fetthenne & Co. Verlag Eugen Ulmer, Stuttgart 2005

PRESTON-MAFHAM, ROD UND KEN: Kakteen-Atlas – 1094 Kugelkakteen in Farbe. Verlag Eugen Ulmer, Stuttgart 1995

Hilfreiche Adressen

Sehenswerte Kakteensammlungen in Deutschland

Egapark Erfurt
Gothaer Straße 38
99094 Erfurt
Internet: http://www.egapark.de

Das Kakteenhaus in Erfurt beherbergt etwa 3.200 verschiedene Kakteen in 820 Arten.

Botanischer Garten und Botanisches Museum Berlin-Dahlem
Freie Universität Berlin
Königin-Luise-Straße 6-8
14195 Berlin
Internet: http://www.bgbm.org

Mit einer Fläche von über 43 Hektar ist der Garten in Berlin einer der größten und bedeutendsten Botanischen Gärten der Welt. Er zeigt Sukkulentensammlungen aus der Alten und Neuen Welt.

Palmengarten Frankfurt am Main
Siesmayerstraße 61
60323 Frankfurt am Main
Internet: http://www.palmengarten-frankfurt.de/

Der Sukkulentengarten ist über 1.000 m² groß. Außer Kakteen werden hier Sukkulenten aus verschiedenen Pflanzenfamilien und aus unterschiedlichen Regionen der Erde gezeigt.

Grugapark Essen
Botanischer Garten
Virchowstraße 167a
45147 Essen
Internet: http://www.grugapark.de

Der zentrale Bereich des Sukkulentenhauses in Essen stellt Sukkulenten aus Amerika vor. Spektakulär ist die Blüte der Königin der Nacht.

Bezugsquellen (Auswahl)
Kakteen-Haage
Blumenstraße 68
99092 Erfurt
www.kakteen-haage.de

Uhlig-Kakteen
Hegnacher Straße 31
71394 Kernen
www.uhlig-kakteen.de

Interessengemeinschaften (Auswahl)
Deutsche Kakteen-Gesellschaft e. V.
Oos-Straße 18
D-75179 Pforzheim

Schweizerische Kakteen-Gesellschaft
Eichstraße 29
CH-5432 Neuenhof

Gesellschaft Österreichischer Kakteenfreunde
Buchenweg 9
A-4810 Gmunden

Spezielle Vereinigungen (Auswahl)
Arbeitskreis für Mammillarienfreunde e. V.
Internet: http://www.afm-mammillaria.de/

AG Astrophytum
der Deutschen Kakteengesellschaft e. V.
Internet: http://www.ag-astrophytum.de/

Turbinicarpus-Gruppe
Internet: http://www.boku.ac.at/tcg/

INTERNOTO e. V.
Internet: http://www.internoto.de/

Arbeitsgruppe Echinocereus
der Deutschen Kakteengesellschaft e. V.
Internet: http://www.echinocereus.de/

Arbeitsgruppe Gymnocalycium
der Österreichischen Kakteenfreunde
Internet: http://members.magnet.at/pterokuehhas/gymagg.htm

Arbeitsgruppe Echinopsis-Hybriden
der Deutschen Kakteengesellschaft e. V.
Internet: http://www.echinopsis-hybriden-ag.de/

Adressen von weiteren Vereinigungen können über die Geschäftsstellen der Kakteengesellschaften erfragt werden.

Neuordnung der Gattungen

Die in nachstehender Tabelle dargestellte Neuzuordnung der Gattungen innerhalb der botanischen Systematik ist keine verbindliche. Viele Pflanzenkundler können diverse Neuerungen nicht nachvollziehen oder gutheißen oder lehnen diese gar strikt ab. Das gilt z. B. für die Zusammenfassung der Gattungen *Notocactus* unter *Parodia* oder auch für die Revision der Gattung *Echinopsis*.

Neuordnung der Gattungen	
Alte Gattung	**Aktuelle Gattung**
Aporocactus	Disocactus
Azureocereus	Browningia
Backebergia	Pachycereus
Dolichothele	Mammillaria
Helianthocereus	Echinopsis
Islaya	Eriosyce
Lemaireocereus	Pachycereus
Lobivia	Echinopsis
Lophocereus	Pachycereus
Machaerocereus	Stenocereus
Monvillea	Acanthocereus
Neoporteria	Eriosyce
Neochilenia	Eriosyce
Notocactus	Parodia
Phyllocactus	Epiphyllum
Pseudolobivia	Echinopsis
Pterocereus	Pachycereus
Solisia	Mammillaria
Sulcorebutia	Rebutia
Trichocereus	Echinopsis
Wigginsia	Parodia
Zygocactus	Schlumbergera

Register

Sachregister

Abhärtung 73
Ableger 60
Alkaloide 90, 92, 105
Ampelpflanzen 37
Anstaumethode 45
Antidepressivum 96
Anzuchterde 74
Anzuchtsubstrat 71, 74
Aphrodisiakum 104
Arzneistoffe 89
Aussaat 68 f., 70, 72, 82, 84
Aussaaterde 71

Bakterielle Infektionen 54
Bakterien 61
Belüftung 72
Betäubungsmittel 88
Bewässerung 70, 82, 84
Blattläuse 55 ff.
Blüten 31, 47, 62

Cactus-X-Virus 61
Chilitos 94
Chlorophyll 37
Chlorose (Bleichsucht) 62
Cristaten-Bildung 61
Curanderas 98

Dickmaulrüssler 55
Donana 90
Dornen 11
Dränage 39, 71
Drogen 89

Epiphyten 76
Erdmischung 62
Ethnobotanik 6, 103
Ethnomedizin 92, 94, 96 f., 100, 102 f., 105 f.

Fäulnis 60
Fettfleischige (Pflanzen) 10 f.
Feuchtigkeitskontrolle 84
Flachpfropfung 75
Freiland 29
Freilandkakteen 37, 54, 59
Frischluftzufuhr 82 f.
Frost- und Kälteschaden 63
frostresistent 134, 148, 160, 163, 177, 185, 192 f., 197
Früchte 117, 145, 155 f., 171, 178, 182
Frühbeet 29, 35
Frühbeetkulturen 83

Garambullo 98
gefährdete Arten 158, 176
Gefäß 33
generative Vermehrung 67
Gewächshaus 29, 35, 63, 70
gießen 41, 45 f., 62
Glochiden 19

halluzinogene Stoffe 90, 102
Heilmittel 100
Heilungsrituale 94, 100
Hitzestau 63
Hockenbleiben (Sitzenbleiben) 63
Homöopathie 14, 97, 102 f.
Hybridisieren 81
Hydrokultur 46

Inhaltsstoffe 80, 88, 90, 102
Kakteenbeete 37
Kakteendünger 47, 63
Kakteenerde 71
Kakteenpflege 82

Kakteensteckling 74
Kaktus-Anästhetika 102
Kaktusfeigen 67
Kindel 65 f.
Knospenverlust 63
Koffein 88, 90, 95
Kreuzung 81
Kunstlichtanlage 38

Lichtverhältnisse 29
Luftfeuchtigkeit 35, 69

Macromerin 92
Meskalin 88, 90, 92, 95, 97, 105 f.
Mimese 11
Montrosus-Kakteen 61
Mykroplasmose 61

Nährlösung 47
Nährstoffe 47
Nährstoffmangel 64
Narbe 81
Naturschutzgesetze 32
Nematoden 56
Nopalnochetzli 16
Nützlinge 55

Osterkakteen 20

Peyote 89 f., 96 f., 101, 103, 106
Pfropfen 74 f.
Pharmakologie 105
Photosynthese 37
pikieren 74
Pilzbefall 72
Pilzerkrankungen 55, 76
Pollen 81
psychoaktive Kakteengewächse 90
psychoaktive Wirkstoffe 89, 93 f., 96 f.

Psychotherapeutikum 94

Rauschgift-Kaktus 89, 96
Rauschkakteen 89, 93
Rauschmittel 92, 100, 104
Ritualgetränke 92
Rote Spinne 58, 82
Rübenwurzel 22
Ruhephase 47, 84

Samen 67, 69, 72 f.
Sämlinge 83
Sämlingspfropfung 80
San Pedro 90, 206
Sauerstoff 37, 39
Schädlinge 31, 54 f.
Schalen 37
Schamanismus 88, 92 f., 101, 106 f.
Schildläuse 56 f., 82
Schimmel 72
Schmierläuse 57
Schmierpilz 59
Seitenpfropfung 75
Sepiolith (Meerschaum) 69
Sommerstandort 83
Spaltpfropfung 75
Spinnmilben 58
Standort 29, 33, 82 f.
Standortwechsel 63
Staunässe 31
Stecklinge 32, 65 f., 83
Stimulanzien 90
Substrat 39, 45 f., 48, 62 f., 66, 70 ff.

Temperatur 73, 84
Thripse 58
Topf 38
Trauermücken 57

Überdüngung 62
Überwinterungsperiode 54
Überwinterungsquartier 82
Umgebungstemperatur 35
Umtopfen 38, 48, 59, 63 f., 83

Vegetationsperiode 49
Verbrennung 46, 63 f.
Veredeln 74
Verholzung 64
Verkorkung 64
Vermehrung 65
Viren 61
Volksheilkunde 90, 99
Volksmedizin 94, 102 f., 105, 107
volksmedizinische Nutzung 88, 92, 98, 105
volksmedizinisches Antibiotikum 98

Warzen 22
Wassergaben 82, 84
Weichhautmilben 58
Wintergarten 29, 37
winterharte Kakteen 49, 50, 53 f., 163, 177, 185, 192, 197
Winterquartier 46, 84
Wollläuse 82
Wurzelfasern 32
Wurzelläuse 58, 82

Zimmergewächshaus 69, 71, 74
Zimmerkultur 47

Pflanzenregister

*A*canthocereus 90
Angelhaken-Kakteen 197
Aporocactus 25, 59, 90 f., 110
Applecactus 152
Ariocarpus 11, 20, 21, 38 f., 43, 76, 90, 92, 111
Armatocereus 112
Artischockenkaktus 176
Asselkaktus 100, 186
Astrophytum 6, 13, 23 f., 37, 43, 66, 69, 71, 74, 76, 78, 80, 113 f.
Austrocactus 49
Aztekium 23, 115

*B*ackebergia 74
Bananenkaktus 93
Behaarter Cereus 191
Bergcereus 180
Bewaffneter Cereus 112
Binsenkaktus 194
Bischofsmütze 76, 114
Blattkakteen 17, 21, 138
Blattwarzenkakteen 17, 21
Blaugrünlicher Fasskaktus 146
Borzicactus 122
Browningia 90, 116
Browningie 116
Buckeliger Nacktkelch 149
Buckelkakteen 6, 174 f.
Buckelwarzenkaktus 204 f.
Buiningia 124
Button Cactus 139

*C*actaceae 6, 9, 13, 17, 18, 43
Carnegiea 6, 11, 15, 25, 26, 47, 92, 99, 117
Castellanosia 90
Cephalocereus 118
Cereen 80

Register

Cereus 15, 26, 37, 74, 78, 88, 92, 95, 101 f., 107, 119, 120 f.
Chamaecereus 136
Chihuahuan Beehive 173
Chilito 139
Cintia 11
Cleistocactus 26, 122 f.
Coleocephalocereus 124
Copiapoa 125
Corryocactus 126
Corryokaktus 126
Coryphantha 22 f., 90, 92 f., 96, 127 f., 142
Crassula 36

Denmoza 129
Dicker Cereus 183
Discocactus 130
Discokaktus 130
Disocactus 21, 131
Donāna 127

Echinocactus 15, 23 f., 93, 132, 135, 205
Echinocereus 15, 26, 49, 93, 133, 134
Echinofossulocactus 135
Echinopsis 9, 15, 24, 22 f., 26, 78, 80, 94, 136 f., 160 f., 206
Echte Warzenkakteen 17, 22
Elephants Tooth 128
Encephalocarpus 20 f.
Epiphyllanthus 19 f.
Epiphyllopsis 154
Epiphyllum 21, 37, 61, 80, 82, 94, 138
Epithelantha 14 f., 23, 78, 94, 139
Erdbeerkaktus 76, 150
Eriocactus 175
Eriocereus 14, 153
Eriosyce 140 f.

Erythrorhipsalis 195
Escobaria 22 f., 94, 142
Escobarie 142
Espostoa 15, 94, 143 f.
Euphorbia 13

Facheiro 191
Fackelkaktus 92
Falsche Pereskie 190
Fasskakteen 145
Feigenkaktus 6, 49, 99, 177 f.
Felsenkaktus 120
Ferocactus 15, 23, 44, 61, 68, 71, 94 f., 145 f.
Ferokakteen 24
Flügelkakteen 192
Frailea 147
Furchen-Kranzkaktus 203
Fußfesselkaktus 185

Geohintonia 11
Glory of Texas 204
Golden Ball Cactus 175
Goldsäule 175
Greisenhaupt 118
Gymnocalycium 23 f., 54, 71, 76, 80 f., 95, 148 ff.

Haageocereus 26, 151
Haages Cereus 151
Haarcereus 206
Haarkerzenkaktus 143
Harrisia 88, 95, 152 f.
Harrisien 152
Hasenohrkaktus 179
Hatiora 17, 19 f., 37, 59, 62, 76, 80, 154 f.
Heidelbeerkaktus 171
Heliocereus 25, 131
Hylocereus 15, 25, 67, 75 f., 80, 95 f., 156

Igelkaktus 137
Igelsäulenkaktus 49, 93, 133 f.

Kamm-Baumkaktus 182
Keulen-Binsenkaktus 155
Königin der Nacht 198
Korallenkaktus 155, 157
Kranzcereus 200
Kranzkaktus 193
Kreiselfruchtkaktus 207
Kreiselkaktus 202
Kubanischer Melonen-kaktus 169
Kugelkakteen 18, 23

Lamellenkakteen 135
Laubkaktus 189
Lemaireocereus 15
Leocereus 88
Lepismium 157
Leptocereus 158
Leuchtenbergia 20 f., 96, 159
Lobivia 54, 136, 160 f.
Lobivie 94, 160 f.
Lophophora 11, 23 f., 71, 74 ff., 78, 89 f., 92 f., 95 ff., 100 f., 103, 105, 107, 162

Machaerocereus 88
Maihuenia 18, 19, 163
Maihuenie 163
Mammillaria 15, 22, 77, 94, 97 f., 164 ff.
Mammillarien 23, 98
Matucana 54, 167
Melocactus 15, 23, 98, 168 f.
Melonenkaktus 168
Mila 15, 170
Monvillea 121
Mooncactus 153
Myrtillocactus 14 f., 26, 28, 47, 74 f., 78, 80, 98 f., 171

Nacktcereus 188
Nacktkelch 148
Neobuxbaumia 172
Neolloydia 22, 81 f., 173
Neolloydie 173
Neowerdermannia 15
Nopalxochia 21, 98
Notocactus 9, 23, 98, 174 f.
Notokakteen 9
Nyctocereus 14, 188

*O*bregonia 20 f., 98, 176
Obregonie 176
Opuntia 15 f., 18 f., 37, 49,
  56, 59, 61, 67, 75 f., 78, 90,
  99, 107, 177 ff.
Opuntien 6, 14, 16 f., 23,
  100, 104
Opuntienartige Kakteen 17
Oreocereus 15, 54, 180
Orgelpfeifenkaktus 199
Oroya 54, 181
Ortegocactus 22
Osterkaktus 154

*P*achycereus 15, 25 f., 47, 74,
  99 ff., 107, 182 f.
Parodia 9, 174 f., 184
Parodie 24, 184
Pediocactus 49, 185
Peitschenkaktus 110
Pelecyphora 22 f., 100, 186
Peniocereus 101 f., 107, 187 f.
Pereskia 15, 17 f., 76, 80, 102,
  189
Pereskien 13, 18
Pereskienartige Kakteen 17
Pereskiopsis 17 f., 80, 190
Peyote, Péyotl 115, 162
Pilosocereus 26, 88, 102, 107,
  191
Prismenkaktus 159
Pterocactus 18, 49, 192

*Q*uiabentia 17 f.

*R*aupelkaktus 136
„Rauschgiftkaktus" 162
Rebutia 46, 193, 209
Rhipsalidopsis 19 f., 154
Rhipsalis 6, 18 ff., 47, 59, 62,
  76, 82, 157, 194 f.
Rote Königin der Nacht 131
Rutenkaktus 195

*S*aguaro 11, 92, 117
Säulenkakteen 18, 26
Scheibenkaktus 130
Scheidencereus 124
Schlangenkakteen 18, 25
Schlumbergera 18 ff., 37, 46,
  59, 61 f., 76, 82, 84, 103,
  138, 196
Schmalrippige Cereen 158
Schnurcereen 187
Schuppenkaktus 157
Schwanzcereen 187
Schwiegermuttersessel 132
Sclerocactus 22 f., 197
Seeigelkaktus 113, 137
Seidenkaktus 165
Selenicereus 14 f., 25, 47, 103
  ff., 107, 198
Silberfackelkaktus 122
Silberkerze 123
Siler Pincushion
  Cactus 185
Soehrensia 5
Sonnenkaktus 131
Stenocereus 15, 88, 105, 107,
  199
Stephanocereus 200
Sternkaktus 114
Sternpflanzen 6
Stetsonia 102, 105 f., 201
Strombocactus 21 f., 202
Sulcorebutia 203, 209

*T*acinga 18 f.
Thelocactus 204 f.
Toothpick Cactus 201
Trichocereen 54
Trichocereus 8, 9, 15, 22, 26,
  28, 54, 69, 74 f., 78, 80, 90,
  105 ff., 206
Turbinicarpus 69, 207

*U*ebelmannia 208

*W*achsfackelkaktus 119, 121
Waldcereus 156
Warzenkakteen 127 f., 164,
  166
Wattecereus 144
Weihnachtskaktus 62, 84,
  196
Weingartia 209
Westernkaktus 92, 117
Wilcoxia 133
Wittiocactus 21
Wollcereus 153
Wollfeigenkaktus 140
Wollfruchtkakteen 111
Wollkaktus 143
Würstelkaktus 136

*Y*avia 11

Zwergkaktus 193
Zwergsäulenkaktus 136

Bildquellen

Alle Fotos bis auf die folgenden stammen vom Autor.

Beck, Manuela: vordere Klappe außen o. und u., S. 13, 25, 32, 33, 36, 45, 70 (4), 81, 166
Eggli, Urs: S. 115, 116, 122, 124, 126, 129, 137, 140, 141, 147, 152, 153, 157, 163, 167, 170, 171, 177, 181, 187, 190, 191, 192, 195, 200, 209
GAP Photos/Andrea Jones: Titelfoto (*Espostoa superba*)
Graf, Hans: S. 142
Gröner, Gerhard: S. 60
Haage, Amrey: S. 64 l., 77 (3)
Haage, Hans-Friedrich: S. 62, 64 r., 107, 120, 169, 203, 208
Haage, Ulrich: S. 130, 194, 205
Haugg, Erich: S. 57
Köhres, Gerhard: S. 131, 144, 158, 161, 173, 185, 186, 188, 197
Kran, Wolfgang: S. 168
Malzan, Andreas: S. 24 o. r., 128
mauritius images: S. 154, 172, 178
Reinhard, Hans: vordere Klappe innen u.re., S. 19 r., 104, 198
Smit, Daan: vordere Klappe o. (3x), vordere Klappe innen u. Mi., hintere Klappe außen, S. 1, 7, 8, 10, 16, 18, 19 l., 20 (2), 21 (2), 22, 24 o.l., u., 27, 28 u., 30, 31, 34, 42, 44, 46, 49, 56, 61, 68, 73, 79, 91, 96, 100, 133, 150, 156, 182
Thomas, Hans-Peter: S. 28 o.

Die in diesem Buch enthaltenen Empfehlungen und Angaben sind vom Autor mit größter Sorgfalt zusammengestellt und geprüft worden. Eine Garantie für die Richtigkeit der Angaben kann aber nicht gegeben werden. Autor und Verlag übernehmen keine Haftung für Schäden und Unfälle. Bitte setzen Sie bei der Anwendung der in diesem Buch enthaltenen Empfehlungen Ihr persönliches Urteilsvermögen ein.

Bibliografische Information der Deutschen Nationalbibliothek
Die Deutsche Nationalbibliothek verzeichnet diese Publikation in der Deutschen Nationalbibliografie; detaillierte bibliografische Daten sind im Internet über http://dnb.d-nb.de abrufbar.

Das Werk einschließlich aller seiner Teile ist urheberrechtlich geschützt. Jede Verwertung außerhalb der engen Grenzen des Urheberrechtsgesetzes ist ohne Zustimmung des Verlages unzulässig und strafbar. Das gilt insbesondere für Vervielfältigungen, Übersetzungen, Mikroverfilmungen und die Einspeicherung und Verarbeitung in elektronischen Systemen.

© 2013 Eugen Ulmer KG
Wollgrasweg 41, 70599 Stuttgart (Hohenheim)
E-Mail: info@ulmer.de
Internet: www.ulmer.de
Lektorat: Antje Springorum, Doris Kowalzik
Herstellung: Silke Reuter
Umschlagentwurf: Freiraum K, Karen Neumeister, Stuttgart
Druck und Bindung: Neografia a.s., Martin
Printed in Slovakia

ISBN 978-3-8001-6725-8

Das Kakteen-Nachschlagewerk!

- Über 1000 Farbfotos
- Natur-, Artenschutz und gärtnerische Kultur
- Alle wichtigen Arten aus 126 Gattungen

Mit 126 Gattungen und etwa 1900 Arten gehören die Kakteen zu den größten Pflanzenfamilien. Sämtliche akzeptierte Gattungen, Arten und Unterarten werden in diesem umfassenden Werk beschrieben. Bemerkungen zur Entdeckungsgeschichte, Bedeutung der Gattungsnamen, Verbreitung und Ökologie sowie über 1000 Farbbilder machen dieses Lexikon unverzichtbar für alle Gärtner, Botaniker und Pflanzenliebhaber.

Das große Kakteen-Lexikon. E. F. Anderson. 2., korr. Auflage 2011. 744 S., 1028 Farbf., übersetzt und bearbeitet von U. Eggli, geb. mit SU. ISBN 978-3-8001-5964-2.

Ganz nah dran.

Exotische Schönheiten

- **340 Porträts bewährter und seltenerer Orchideen**
- **Der ideale Standort – damit Sie lange Freude an Ihren Orchideen haben**
- **Die richtige Pflege für einen langen Blütenzauber**

Orchideen sind unsere beliebtesten Zimmerpflanzen. In diesem kompakten Ratgeber finden Sie alles rund um Kauf, Pflege und mögliche Krankheiten dieser faszinierenden Exoten. Der Porträtteil stellt leicht verständlich und übersichtlich mehr als 340 Arten und Sorten vor.

Fabelhafte Welt der Orchideen. Alles über Pflege, Vermehrung und die besten Arten. L. Röllke. 2012. 256 S., 375 Farbfotos, Klappenbroschur. ISBN 978-3-8001-7769-1.

www.ulmer.de

Aktuelle Informationen rund um Ihren Garten

In **Ulmers Gartenblog** Garten2Null informieren wir Sie **täglich** rund um das Thema **Garten & Pflanzen**, aber auch zu Randthemen wie Küche, Dekorieren & Ambiente und Basteln. Unsere Blogautoren sind u. a. **Autoren** des Ulmer Verlages sowie verschiedene **Gartenexperten** als Gastautoren. Mit unserem Pflanzenbilderrätsel an jedem Freitag und der Interviewreihe „Mein Garten" können Sie aktiv unseren Blog mitgestalten.

Klicken Sie rein: www.Garten2Null.de

Außerhalb des Blogs sind wir auch in den sozialen Netzwerken aktiv. Besuchen Sie unsere **Facebook-Seite** unter **www.facebook.com/Gaertnern** und diskutieren Sie dort mit uns.

 Ganz nah dran.